HELMUT SCHULZ-SCHAEFFER

Der Freiheitssatz des Art. 2 Abs. 1 Grundgesetz

Schriften zum Öffentlichen Recht

Band 156

Der Freiheitssatz
des Art. 2 Abs. 1 Grundgesetz

Libertätsrechte und Vermutung für den
Kernbereich der Freiheitsrechte

Von

Dr. jur. Helmut Schulz-Schaeffer

Regierungsdirektor in Hamburg

DUNCKER & HUMBLOT / BERLIN

Alle Rechte vorbehalten
© 1971 Duncker & Humblot, Berlin 41
Gedruckt 1971 bei Buchdruckerei Bruno Luck, Berlin 65
Printed in Germany
ISBN 3 428 02451 6

Meinem Vater
o. Prof. Dr. jur. *Rudolf Schulz-Schaeffer*
der sich frühzeitig für den Schutz konkreter
privater Persönlichkeitsrechte eingesetzt hat

Inhaltsverzeichnis

§ 1 *Einleitung* 11

Erster Teil

Rechtliche Grundlagen 14

§ 2 *Persönliche Rechtsstellung und subjektives Recht* 14

   1. Die persönliche Rechtsstellung 14
      Der status negativus enthält persönliche Rechtsstellungen, deren Verletzung subjektive Rechte entstehen läßt.
   2. Das rechtsschutzbewehrte Interesse 16
      Die persönliche Rechtsstellung des status negativus setzt voraus, daß das materielle Recht für den Fall der Verletzung einen klagbaren Anspruch vorgesehen hat.

§ 3 *Der Rechtsbegriff der Freiheit* 20

   1. Die unbegrenzte natürliche Freiheit als Rechtsbedingung 20
      Die Willkür als solche ist gestaltlos und kann daher den Umfang einer persönlichen Rechtsstellung nicht bezeichnen. Naturzustand und Rechtsordnung sind unvereinbare Bezugssysteme
   2. Die Freiheit im liberalen, formalen Rechtsstaat 24
      Carl Schmitts These von der prinzipiell unbegrenzten Freiheit ging von inhaltlich abgegrenzten Freiheitsrechten und von einem Staat aus, der weder prinzipiellen materiell-rechtlichen Bindungen unterlag noch eine soziale Gestaltungsfunktion hatte
   3. Handlungsfreiheit als inhaltliche Qualität rechtlicher Freiheit .. 26
      Das Recht zu beliebigem Handeln ist inhaltliche Qualität einer vom Recht abgegrenzten Rechtsstellung. Daß eine Handlung nicht verboten und deshalb erlaubt ist, besagt auch angesichts des Grundsatzes der Gesetzmäßigkeit der Verwaltung noch nichts darüber, ob bezüglich dieser Handlung nur eine tatsächliche Chance oder eine durch die Verwaltung verletzbare, persönliche Rechtsstellung besteht.

§ 4 *Der Freiheitssatz als rechtsethische Generalklausel* 31

   1. Das Rechtsprinzip des Art. 2 I GG 31
      Art. 2 I GG verweist auf Gebote der Ethik, deren Nichtbeachtung

als unerträglich empfunden wird und die deshalb als rechtsethische Normen Bestandteil eines offenen Rechtssystems sind.

 2. Der Schutz des Kernbereichs personaler Freiheit 34

  Er beschränkt sich nicht auf die „höhere Sphäre des Menschlichen", sondern schließt das Mindestmaß an Unabhängigkeit und Bewegungsfreiheit ein, das unser heutiges Lebensgefühl fordert.

 3. Die Abgrenzung gegen einen abstrakten Verfassungs- und Gesetzesvollziehungsanspruch 38

  Rechtsreflexe, denen die allgemeine Rechtsordnung ohne Verstoß gegen rechtsethische Postulate des Freiheitsschutzes die Zuordnung zur Rechtssphäre des Individuums versagt, können nicht über Art. 2 I GG zu persönlichen Rechtsstellungen werden. Die Überdehnung der Freiheitsposition aus Art. 2 I GG bringt die Gefahr mit sich, daß dem Staat zu weit gehende Eingriffsbefugnisse eingeräumt werden.

§ 5 *Die Vermutung für den Kernbereich personaler Freiheit* 41

 1. Die Notwendigkeit der Güterabwägung 41

  Sie ergibt sich daraus, daß zur Abgrenzung des fraglichen Kernbereichs immer wieder verschiedene, auch situationsgebundene Wertgesichtspunkte gegeneinander ausbalanciert werden müssen.

 2. Der Bereich weitgehender Gestaltungsfreiheit des Gesetzgebers 44

  Er liegt außerhalb der Zone, in der ein Konflikt mit dem Kern personaler Freiheit in Frage steht.

 3. Die Vermutung für die Freiheit 47

  Der Kern personaler Freiheit darf vom Gesetzgeber nur eingeengt werden, wenn der Schutz höherrangiger Rechtsgüter der Schrankentrias es zwingend gebietet.

 4. Der rechtliche Standort der Libertätsrechte 50

  Das rechtsethische Freiheitspostulat rechtfertigt die Ableitung ergänzender Freiheitsrechte (Libertätsrechte).

§ 6 *Weitere Argumente für den Charakter des Freiheitssatzes als Rechtsprinzip* 51

 1. Die Gegenpositionen von Klein und Dürig 51

  Friedrich Klein leugnet die Ergänzungsfunktion des Art. 2 I GG, während *Dürig* in Art. 2 I GG als Auffangrecht bereits eine persönliche Rechtsstellung sehen will. Sein Auffangrecht zeigt aber alle Merkmale eines (abstrakten) Rechtsprinzips.

 2. Der gleiche Rechtscharakter des Art. 3 I GG 53

  Der allgemeine Gleichheitssatz ist ebenfalls ein rechtsethisches Prinzip, insbesondere als Element der Gerechtigkeit. Eine Verletzung des Gleichheitssatzes führt nur dann zu einem subjektiven Abwehrrecht, wenn zugleich eine persönliche Rechtsstellung betroffen ist, die ihre Rechtsgrundlage außerhalb des Art. 3 I GG hat.

Inhaltsverzeichnis

Zweiter Teil

Konsequenzen der Freiheitskerntheorie 58

§ 7 *Inhalt und Schranken der Libertätsrechte* 58

   1. Die gegenseitige Durchdringung von Verfassungs- und Gesetzesrecht 58

      Die Weiterentwicklung der Verfassung steht in einer Demokratie in erster Linie dem Gesetzgeber zu. Er wird in einem System der Kontrollen und Gegengewichte überwacht. Verfassung und Gesetz können sich wechselweise auf die Legitimierungsfaktoren überzeugender Vernunft und bewährter Tradition berufen.

   2. Die Entstehung neuer Libertätsrechte 64

      Wissenschaft und Rechtsprechung müssen die entsprechenden persönlichen Rechtsstellungen in der gesetzlichen Ordnung aufspüren, notfalls auch selbst schöpferisch entwickeln. Aus Gründen der Rechtssicherheit haben die weite Auslegung und die analoge Anwendung der Spezialfreiheitsrechte den Vorrang vor der Anerkennung von Libertätsrechten.

§ 8 *Die Bedeutung der Schrankentrias* 68

   1. Die Schrankentrias als rechtsethisches Prinzip 68

      Das rechtsethische Prinzip des Freiheitskern-Schutzes kann nur durch ein gleichrangiges, also ebenfalls rechtsethisches Prinzip in seine Schranken verwiesen werden.

   2. Der Inhalt der Schrankentrias 74

      Die Konkretisierung obliegt grundsätzlich dem Gesetzgeber (Kriminalunrecht, Sozialpflichtigkeit, Sittengesetz, Rechte anderer). Die Polizeiklausel und das Verbot des Rechtsmißbrauchs sind dagegen verfassungsunmittelbar. Die Grundsätze der Güterabwägung und der Verhältnismäßigkeit sind in jedem Fall zu beachten.

Dritter Teil

Zur Geschichte des Freiheitssatzes 80

§ 9 *Die Entwicklung bis zum Beginn des 19. Jahrhunderts* 80

   1. Einleitung 80

   2. Konkrete Freiheiten als positive Rechte 80

   3. Rights and liberties als Ausformungen ethischer Vernunft 83

   4. Die ethische Legitimation der Revolution 86

§ 10 *Das Verfassungsrecht seit 1776* 89

    1. Die französischen Verfassungen 89
    2. Der angelsächsische Rechtskreis 94
    3. Die Entwicklung in Deutschland 96

    Schlußbemerkung   101

    Literaturverzeichnis   103

*Freiheit ist immer dann gefährdet,
wenn man nicht mehr weiß, was sie ist.*

Kalenderspruch

§ 1 Einleitung

In der folgenden Untersuchung geht es um die Bedeutung des Art. 2 I GG als Freiheitssatz am Anfang unserer Verfassung. Sieht man mit dem Elfes-Urteil des *Bundesverfassungsgerichts* in Art. 2 I GG ein Grundrecht der allgemeinen Handlungsfreiheit, zu tun und zu lassen, was man will[1], so scheint es sich um einen vorrechtlichen, unbegrenzten Freiheitsbereich zu handeln. Um ihn zu schützen, müßte die Verletzung der Freiheitssphäre einen allgemeinen Gesetzesvollziehungsanspruch (zugleich Verfassungsvollziehungsanspruch) des Bürgers auslösen, der von einer — nach h. M. immer noch unstatthaften — Popularklage kaum noch abgrenzbar wäre[2]. Art. 2 I GG ist auch infolge des Elfes-Urteils bereits als „Grundrecht auf Gesetzmäßigkeit der Verwaltung"[3] und im Hinblick auf die Verfassungsbeschwerde als „Grundrecht auf Gesetzmäßigkeit der Rechtsetzung" bezeichnet worden[4].

Obwohl namhafte Autoren einen allgemeinen Gesetzesvollziehungsanspruch ausdrücklich abgelehnt haben[5] und niemand ernstlich an eine

---

[1] BVerfGE 6, 32 (36), Urt. v. 16. 1. 1957.

[2] *H. H. Rupp* (Das Urteil des Bundesverfassungsgerichts zum Sammlungsgesetz, NJW 1966, S. 2037) spricht von der drohenden Ausuferung der Grundrechtsbeschwerde zum allgemeinen Rechtsbehelf gegen jeden rechtswidrigen Staatsakt. — Ebenso zum Unterfall eines generellen Rechts auf fehlerfreien Ermessensgebrauch: *WürttBadVGH* VwRspr. 5, 378 (383). — *Fritz Werner* (Über Tendenzen der Entwicklung von Recht und Gericht in unserer Zeit, 1965, S. 14) hat ganz allgemein vor der „Gefahr" gewarnt, „daß sich das Recht in eine Summe von Rechtsansprüchen auflöst".

[3] *Dürig* in: Maunz/Dürig/Herzog, Grundgesetz (seit 1958, Stand 1970) Art. 2 I, Rdnr. 5 (1 b, bb mit Anm. 1) und Rdnr. 26; — *Roman Herzog*, Das Grundrecht auf Freiheit in der Europäischen Menschenrechtskonvention, AöR 86 (1961), S. 194 ff. (S. 202 Anm. 37).

[4] *Ekkehard Schumann*, Verfassungs- und Menschenrechtsbeschwerde gegen richterliche Entscheidungen, 1963, S. 181 Anm. 7 a. E. — Inhaltlich ebenso (aber kritisch): *Hans Peters*, Das Recht auf freie Entfaltung der Persönlichkeit in der höchstrichterlichen Rechtsprechung, 1963, S. 24 f., 31; — *Walter Schmidt*, Die Freiheit vor dem Gesetz, AöR 91 (1966), S. 42 ff. (49).

[5] *Menger*, System des verwaltungsrechtlichen Rechtsschutzes, 1954, S. 119; — *E. R. Huber*, Wirtschaftsverwaltungsrecht, 2. Bd., 1954, S. 658 f. m. Nachw.; —

grundsätzliche, allgemeine Freiheit des Bürgers gegenüber der Tätigkeit des Staates denkt[6], ist die Vorstellung von einem verletzbaren Grundrecht auf allgemeine Handlungsfreiheit offenbar unwiderstehlich.

Das ist wohl damit zu erklären, daß sich unser Rechtsbewußtsein dagegen sträubt, den Freiheitssatz nur für eine subsidiäre Auffangnorm zu halten[7], an Hand deren man Lücken im Katalog der einzelnen Freiheitsrechte ausfüllt. Die Abwertung[8] der rechtlichen Freiheit zu einer *allgemeinen* Handlungsfreiheit — um eine möglichst weitgehende Klagebefugnis zu schaffen — geht aber gerade auf Kosten der Bedeutung des Art. 2 I GG als Obersatz[9] für die Freiheitsrechte der Verfassung. Eine Vermutung[10] für die *allgemeine* Handlungsfreiheit des Bürgers ist nämlich als durchgehendes Grundrechtsprinzip ebenso undenkbar wie ein die einzelnen Grundrechtsausgestaltungen überlagernder allgemeiner Verfassungsvorbehalt zugunsten des Gesetzgebers.

Deckt man dagegen die grundlegende Bedeutung des Freiheitssatzes als eines rechtsethischen Prinzips zum Schutz des *Kernbereichs personaler Freiheit* auf, dann enthält er eine Vermutung für den Kernbereich aller Freiheitsrechte. Die Funktion des Art. 2 I GG als Quelle für die Ableitung bisher unbenannter Freiheitsrechte (die hier „Libertätsrechte" genannt werden) ergibt sich nun sozusagen von selbst. Andrerseits kann die der engeren Fassung der Freiheitsseite entspre-

---

Ottmar Bühler, Altes und Neues über Begriff und Bedeutung der subjektiven öffentlichen Rechte, in: Gedächtnisschrift für W. Jellinek, 1955, S. 269 ff. (S. 283); — *Lerche*, Übermaß und Verfassungsrecht, 1961, S. 299 Anm. 158; — *Hans J. Wolff*, Der Abwendungsanspruch aus öffentlichen Reflexrechten, insbesondere im Fürsorgerecht, in: Festschrift zur Feier des 25jährigen Bestehens der Westfälischen Verwaltungsakademie in Münster, 1950, S. 119 ff. (S. 126 f.); — ders., Verwaltungsrecht I, 1968, § 43 I b 1, S. 265.

[6] Zu dieser Erkenntnis haben nicht zuletzt *Häberles* verfassungstheoretische Gedanken beigetragen (Die Wesensgehaltgarantie des Art. 19 Abs. 2 Grundgesetz, 1962).

[7] Diesen Eindruck hinterlassen aber *W. Schmidts* Ausführungen (Freiheit, FN 4). Das äußert sich indirekt in seiner Ablehnung einer allgemeinen grundrechtlichen Bedeutung der Schrankentrias (vgl. S. 79 bei und in Anm. 164).

[8] Vgl. *Hans Peters*, Die freie Entfaltung der Persönlichkeit als Verfassungsziel, in: Festschrift für Laun (1953), S. 669 ff. (673 f.); — *Ehmke*, Wirtschaft und Verfassung, 1961, S. 34; — *v. Mangoldt/Klein*, Das Bonner Grundgesetz, Bd. I, 1966, Art. 2, Anm. II 2, S. 162 f. mit Zitaten; — *K. Hesse*, Grundzüge des Verfassungsrechts der Bundesrepublik Deutschland, 1970, § 12 I 10, S. 172.

[9] Das aber war mit gutem Grund die Ansicht der bis zum Elfes-Urteil verbreiteten Muttergrundrechtslehre, vgl. *Hamann/Lenz*, Das Grundgesetz für die Bundesrepublik Deutschland vom 23. Mai 1949 (1970), Art. 2, Anm. A 3 a mit Lit. — Vgl. den neuen Ansatz bei *Lerche*, Übermaß (FN 5), S. 300.

[10] Vgl. aber *Dürig*, Grundgesetz (FN 3), Art. 2 Rdnr. 72 („Ausgangsvermutung") und 5 (1 b, aa).

§ 1 Einleitung

chend eng auszulegende Schrankentrias ihrerseits als durchgehendes rechtsethisches Prinzip endlich dogmatisch einwandfrei eingeordnet werden.

Die Absage an eine öffentlich-rechtliche Klagebefugnis ohne schlüssige Behauptung eines materiellen subjektiven Rechts[11] und an eine zu weit gehende Freiheitsvermutung gegen den Staat ist ein Gebot unserer geschichtlichen Situation. Je mehr das Leben des Bürgers mit dem Lebensbereich seiner Mitbürger verwoben ist und je mehr jeder einzelne von den (auch indirekten) Auswirkungen staatlichen Handelns betroffen wird, desto ferner rückt die Möglichkeit der Robinsonfreiheit. Die zunehmenden Anforderungen an die Daseinsvorsorge und die Verwirklichung sozialer Gerechtigkeit durch den Staat setzen eine entsprechende Gestaltungsfreiheit des Gesetzgebers und der Verwaltung voraus. Konjunkturpolitik, Umweltschutz, Städtebau- und Wirtschaftsförderung sowie Sozialversicherungsreform sind aktuelle Beispiele dafür.

Wolfgang Zeidler weist daher mit Recht darauf hin, daß im demokratischen und sozialen Rechtsstaat kein Platz für außerrechtliche „staatsfreie Räume" sei und daß die rechtsprechende Gewalt die Aufgabe habe, „durch Gewährung eines rechtsstaatlichen modus procedendi Freiräume der politischen Entscheidung in einer die Freiheit und Gleichheit für alle sichernden Weise offenzuhalten"[12]. Andernfalls würde man die evolutionäre Fortentwicklung bewährter Ordnungsformen unmöglich machen und dem revolutionären Umsturz den Weg ebnen.

---

[11] Hier geht es um die Gewichtsverteilung zwischen Gesetzgebung und Verwaltung einerseits und Rechtsprechung andererseits. Vgl. *Hesse*, Grundzüge (FN 8), § 12 I 10, S. 173. *Hesse* erwähnt aber nicht (so wenig wie vor ihm Ehmke, Wirtschaft, FN 8, S. 34 Anm. 80), daß ein allgemeines Freiheitsrecht auch die Bewegungsfreiheit der Verwaltung betrifft (vgl. *Hesse*, a.a.O., S. 172 und § 14 I 1, S. 205), weil die Beurteilung als „Eingriff der Verwaltung" von der Verletzung einer verletzbaren Sphäre des Bürgers abhängt.
[12] *Wolfgang Zeidler*, Der Rechtsstaat im Spannungsfeld von Evolution und Revolution, MDR 1970, S. 713 ff. (S. 715).

Erster Teil

Rechtliche Grundlagen

§ 2 Persönliche Rechtsstellung und subjektives Recht

1. Die persönliche Rechtsstellung

Neben dem Mißverständnis der Tragweite des Art. 2 I GG hat die terminologische und dogmatische Unsicherheit bei der Erfassung des „negativen Status" und des „subjektiven Rechts" zu der bedenklichen Ausweitung der Klagebefugnis auf Grund einer Verletzung des Art. 2 I GG beigetragen.

Hier soll davon ausgegangen werden, daß das subjektive Recht als die hoheitlich garantierte Ermächtigung eines Rechtssubjektes zu bezeichnen ist,

auf Grund des vom Recht zumindest u. a. gewollten Schutzes der Interessen dieses Rechtssubjektes von einem anderen ein Tun, Unterlassen oder Dulden zu verlangen[13].

Diese Feststellung kann heute im Rahmen des allgemeinen Teiles der Rechtsordnung gleichermaßen für das private wie für das öffentliche Recht getroffen werden. Sie besagt, daß das subjektive Recht des Bür-

---

[13] Vgl. *Ottmar Bühler*, Die subjektiven öffentlichen Rechte und ihr Schutz in der deutschen Verwaltungsrechtsprechung, 1914, S. 274, und *Hans J. Wolff*, Verwaltungsrecht I, 1965, § 43 I b 3 und c (S. 235 ff.), für welche die hoheitliche Garantie allerdings kein Bestandteil des Begriffs „subjektives Recht" ist.

Wie im Text: *Thoma* (Das System der subjektiven öffentlichen Rechte und Pflichten, in: Anschütz/Thoma, Hrsg., HDStR II. Bd. 1932, S. 607 ff., S. 617 bei Anm. 31), der im Rechtsstaat gerichtlichen Schutz als Voraussetzung eines subjektiven Rechts für erforderlich hält; — *Forsthoff*, Lehrbuch des Verwaltungsrechts, Bd. I, 5. Aufl. 1955, § 10, S. 159 („Rechtsmittel") und hier unten bei und in FN 23; — *H. Lehmann*, Allg. Teil des Bgl. Gesetzbuches, 12. Aufl. 1960, S. 70 und 85 (klagbarer Anspruch); — *L. Raiser*, Der Stand der Lehre vom subjektiven Recht im Deutschen Zivilrecht, JZ 1961, S. 465 ff., S. 467 („Schutzanspruch"). — *Henke*, Das subjektive öffentliche Recht, 1968, S. 1 f.: Die h. M. nehme ein subjektives öffentliches Recht an, „wenn ein zwingendes Gesetz den Individualinteressen zu dienen bestimmt ist und wenn es dem Einzelnen eine Rechtsmacht zur Durchsetzung seines Interesses verleiht". Zu Henkes eigener Theorie vgl. unten bei FN 73. — Vgl. die Literaturangaben bei *Forsthoff*, Lehrbuch des Verwaltungsrechts, Bd. I, 9. Aufl. 1966, § 10, S. 179 Anm. 1.

§ 2 Persönliche Rechtsstellung und subjektives Recht

gers ein materiellrechtlicher Anspruch ist[14], zu dessen Struktur eine hoheitliche Garantie gehört, welche als Klaganspruch oder Einrede vor Gericht geltend gemacht werden kann.

Damit ist das „Recht", das erst verletzt sein muß, bevor es eine Ermächtigung im vorstehenden Sinn entstehen läßt, begrifflich etwas anderes als ein „subjektives Recht". Wenn man sich genau ausdrücken will, kann man also die Freiheitsrechte im Rahmen des status negativus nicht „subjektive Rechte" nennen[15].

Das zu verletzende „Recht" verdient seinen Namen durchaus[16], wenn man es als objektive Rechtsstellung[17] versteht. Es kann auch in Verbindung zu einer Person gebracht werden, jemandem „zustehen", wie § 42 II VwGO sagt, ohne deshalb bereits den Charakter eines subjektiven Rechts zu haben. Die Redewendung „das Hauseigentum des X" bezeichnet eine konkrete, objektivrechtliche Rechtsstellung und ihren Inhaber, also eine persönliche Rechtsstellung. Dabei ist zu beachten,

---

[14] So *Henke* (Recht, FN 13, S. 56 f.), der aber die rechtsstaatliche, gegenseitige Bedingtheit von Anspruch und actio verkennt. Vgl. seine unberechtigte Kritik an H. H. Rupp (S. 38).

[15] So sehr eindringlich *H. H. Rupp*, Grundfragen der heutigen Verwaltungsrechtslehre, 1965, z. B. S. 158, 165. — Leider hat sich *Hans J. Wolff* (Abwendungsanspruch, FN 5, S. 122) mit dieser These so wenig durchsetzen können, daß er die Freiheitsrechte in seinem Lehrbuch (Verwaltungsrecht I, 1968, § 43 I a 1, S. 264) selbst wieder als subjektive öffentliche Rechte bezeichnet, weil das dem „herkömmlichen Sprachgebrauch" entspreche.
G. Jellinek (System der subjektiven öffentlichen Rechte, 1905, S. 86): Subjektive öffentliche Rechte „bestehen ... ausschließlich aus *Ansprüchen*, die sich unmittelbar auf rechtliche *Zustände* gründen". — § 23 VGG stellte zur Begründung der Klagebefugnis „die persönliche Rechtsstellung ... einem Rechte gleich". Rechte hier i. S. von subjektiven Rechten und Befugnissen; persönliche Rechtsstellungen i. S. von Freiheits- und Statusrechten: *Eyermann/Fröhler*, Verwaltungsgerichtsgesetz, 1950, § 23 Anm. 1 b und 2 b. — Vgl. *W. Jellinek*, Die Verwaltungsgerichtsbarkeit in der amerikanischen Zone, DRZ 1948, S. 272.

[16] a. A. *Hans J. Wolff*, Abwendungsanspruch (FN 5), S. 122. Wenige Zeilen vorher nennt er die Konzession selbst ein subjektives öffentliches Recht, obwohl er gerade zwischen Rechtsstellung und subjektivem Recht unterschieden hatte. Ohne die eingewurzelte Bezeichnung „Recht" ist eben nicht auszukommen. Man sollte die personale Zuordnung dann aber nicht durch das bereits im terminus technicus „subjektives Recht" begriffsprägend verwandte Eigenschaftswort „subjektiv" bezeichnen. Dagegen läßt sich z. B. vom „persönlichen Recht" im Sinne einer objektivrechtlichen, persönlichen Rechtsstellung sprechen.

[17] *Hans J. Wolff*, a.a.O., S. 122 ff.; — *Menger*, System (FN 5), S. 118; — *W. Jellinek*, Verwaltungsrecht, 1931, S. 192: „Rechtszustand". — Dem schließt sich *H. H. Rupp* an (Grundfragen, FN 15, S. 165 ff.). — *Erwin Stein*, Zur Wandlung des Eigentumsbegriffes, in: Festschrift für Gebhard Müller (1970), S. 503 ff. (519): Art. 14 GG als „Rechtsstellungsgarantie".
H. H. Rupp (Grundfragen, FN 15) spricht auch vom „subjektiven Freiheitsbereich" (S. 163) oder vom subjektiven Status (S. 171, 222). — Vgl. § 23 VGG wie in FN 15.

daß man erst dann von dem objektiven Recht eines Rechtssubjekts sprechen kann, wenn dieses Recht mindestens potentiell — für den Fall seiner Verletzung — subjektivrechtliche Ermächtigungen enthält[18]. Die persönliche Rechtsstellung bedeutet also bereits, daß andere eine Rechtsverletzung unterlassen müssen, wenn sie die Entstehung eines subjektiven Rechts des Rechtsinhabers vermeiden wollen.

Den Gegensatz zur persönlichen Rechtsstellung bildet der Rechtsreflex, eine tatsächliche oder auch rechtlich gewollte Begünstigung, deren Beeinträchtigung beim Begünstigten keine subjektiven Abwehrrechte entstehen läßt.

Die Begriffsbildung wird dadurch erschwert, daß eine Rechtsstellung, die in einer bestimmten Beziehung bereits ein subjektives Recht gewährt (z. B. ein Forderungsrecht oder einen Herausgabeanspruch), gegenüber anderen Personen gleichzeitig noch objektives Recht sein kann, bevor diese es beeinträchtigen. Schwierigkeiten macht auch der Umstand, daß es verschieden starke persönliche Rechtspositionen gibt, die man gern begrifflich unterscheiden möchte. Seitdem aber z. B. die widerrufliche Polizeierlaubnis eine beschränkte persönliche Rechtsstellung gegenüber der Verwaltung mit sich bringt, ist es nicht mehr gerechtfertigt, nur der Verleihung die Kraft zuzuschreiben, bei Verletzung ein subjektives Recht zu verschaffen[19].

2. Das rechtsschutzbewehrte Interesse

Die weitverbreitete These, das Recht im Sinne von § 42 II VwGO brauche kein subjektives Recht mehr zu sein — es genüge vielmehr ein rechtlich geschütztes Interesse —, richtet sich im Grunde gegen die überholte Verengung des Begriffs „subjektives Recht" bzw. „persönliche Rechtsstellung". Damit ist jedoch keineswegs gerechtfertigt, auf das Vorhandensein einer Rechtsstellung zu verzichten, deren Verletzung

---

[18] Im Unterschied zum absoluten Recht des Privatrechts ergibt sich aus dem status negativus des öffentlichen Rechts allerdings im Falle der Verletzung nur ein Beseitigungs- und kein Unterlassungsanspruch (vgl. *H. H. Rupp*, Grundfragen, FN 15, S. 164, 254). Das potentielle subjektive Recht auf Beseitigung genügt aber zur Feststellung eines persönlichen Rechts.

[19] Das empfindet auch *Hans J. Wolff*, Verwaltungsrecht I, 1968, § 43 I c, S. 268. Zur Unterscheidung von weniger umfassenden Rechtsstellungen bezeichnet er die Verleihungen als „volle subjektive Rechte" (a.a.O., III c); besser wäre vielleicht: umfassende, persönliche Rechtsstellungen. Die weniger umfassenden persönlichen Rechtsstellungen des öffentlichen Rechts, etwa der „verwaltungsrechtliche Besitzstand", sind ja im Hinblick auf die Voraussetzungen einer persönlichen Rechtsstellung etwa „unvollkommen". — Der Umfang der privatrechtsgestaltenden Wirkung öffentlichrechtlicher Positionen sollte dagegen für die öffentlichrechtliche Qualifizierung in den Hintergrund treten.

§ 2 Persönliche Rechtsstellung und subjektives Recht

einen materiellrechtlichen Klaganspruch erzeugt. Der *Württemberg-Badische Verwaltungsgerichtshof* hat die Situation klar erkannt und das fragliche Interesse richtig als „rechtsschutzbewehrtes Interesse" bezeichnet[20].

Dagegen ist die Ansicht falsch, eine Klage sei bereits begründet, wenn ein rechtlich geschütztes Interesse verletzt sei. Dabei genüge für den rechtlichen Interessenschutz, daß „eine Rechtsnorm nicht lediglich dem öffentlichen Interesse, sondern allein oder auch dem Individualinteresse dienen will". *Eyermann/Fröhler*[21] bezeichnen das als herrschende Ansicht und meinen, die Klagemöglichkeit könne nicht zugleich Voraussetzung und Folge des verletzbaren Rechts (§ 42 II VwGO) sein.

Damit wird unterstellt, erst das Prozeßrecht könne einem materiellrechtlichen Anspruch die Klagbarkeit verleihen. Es erscheint aber heute viel sinnvoller, entsprechend der Situation im Privatrecht davon auszugehen, daß jedes voll wirksame subjektive Recht bereits vom materiellen Recht mit einem klagbaren Anspruch ausgestattet ist. Während die begründete Klage auf einem materiellrechtlichen klagbaren Anspruch beruht, regelt das Prozeßrecht die Voraussetzungen der Klagebefugnis und das Verfahren vor den Gerichten. Subjektive Rechte ohne klagbare Ansprüche sind unvollkommene Rechte, entweder weil es (historisch bedingt) an einem entsprechenden Rechtsschutz fehlt oder weil die Ansprüche z. B. verjährt sind. Im Stadium der Fortentwicklung des Rechts — und nachher aus Tradition — kann die Klagbarkeit in Prozeßvorschriften zuerkannt sein. Das bedeutet dann aber zugleich die Anerkennung entsprechender materiellrechtlicher Ansprüche[22]. *Forsthoff*[23] hält es denn auch für praktisch unmög-

---

[20] *WürttBadVGH* VwRspr. 5, 378 (382). — Auch *Richard Naumann* hält am subjektiven Recht einschließlich der gesetzlich gewollten Klagebefugnis fest: VVDStRL 11 (Tagung 1952), S. 132.
[21] *Eyermann/Fröhler*, Verwaltungsgerichtsordnung, Komm. 1965, § 42 Nr. 96, 112. — Im Ergebnis wie *Eyermann/Fröhler*: *Bachof*, Reflexwirkungen und subjektive Rechte im öffentlichen Recht, in: Gedächtnisschrift für W. Jellinek, 1955, S. 287 ff. *Bachof* nimmt an, alle objektivrechtlich gewollten öffentlichrechtlichen Begünstigungen des Individuums seien von Verfassungs wegen zu subjektiven Rechten geworden. — Ebenso *Hans J. Wolff*, Verwaltungsrecht I, 1968, § 43 I b 2, S. 265. — *Dürig* (Grundgesetz, FN 3, Art. 2 I, Rdnr. 5): „Vermutung für die höchstmögliche Wirkungskraft" der Grundrechte, insbesondere für den Charakter des Art. 2 I GG als subjektives öffentliches Recht. — Von Vermutungen für subjektive öffentliche Rechte sprechen: *E. R. Huber*, Wirtschaftsverwaltungsrecht I (1953), S. 684, und *Forsthoff*, Lehrbuch, wie FN 23. — a. A. früher: *Hans J. Wolff*, Abwendungsanspruch (FN 5), S. 122. — Vgl. zur neuen Theorie *W. Henkes* unten bei FN 73.
[22] *Bühler*, Rechte (FN 13), S. 327 Anm. 93. — Auch Art. 19 IV GG hat insoweit materiellrechtliche Bedeutung.
[23] *Forsthoff*, Lehrbuch des Verwaltungsrechts, Bd. I, 9. Aufl. 1966, § 10, S. 180. Er läßt die theoretische Frage offen. — a.a.O., § 22, S. 410, geht Forsthoff nach

lich, den Begriff des subjektiven öffentlichen Rechts von der Einklagbarkeit zu trennen.

Eine persönliche Rechtsstellung muß eben bereits den Inhalt haben, daß bei ihrer Verletzung die Ermächtigung entsteht, auf dem Rechtsweg von einem anderen etwas zu verlangen[23a]. Es ist deshalb erforderlich, das Vorhandensein und den Umfang einer eventuellen Ermächtigung des Bürgers im Einzelfall zu prüfen, statt sich mit der unpräzisen Feststellung zu begnügen, die verletzte Vorschrift sei auch zum Schutz von Individualinteressen bestimmt. Vermutlich ist der Begriff der rechtlich geschützten Interessen bei vielen längst zum Synonym für die hier bezeichnete persönliche Rechtsstellung geworden, weil man keinen besseren Ausdruck hatte, um das „verletzte Recht" im Unterschied zum „subjektiven Recht" zu kennzeichnen[24].

Es geht auch in erster Linie nicht um die Terminologie, sondern darum, daß man sich bei der Zuerkennung öffentlich-rechtlicher persönlicher Rechtsstellungen der erforderlichen Interessenabwägung bewußt bleibt. Entscheidend ist nämlich, ob der jeweils fragliche Schutz von Rechts wegen die Intensität eines Anspruchs auf Beseitigung von Rechtsverletzungen oder gar die Intensität eines Leistungsanspruches haben soll. Das ist genausowenig selbstverständlich wie die Gewährung eines Schadensersatzanspruches bei Rechtsverletzungen. Eine objektive Verwaltungsrechtsnorm, die auch Individualinteressen begünstigt, schützt den Bürger nämlich im Falle ihrer Verletzung auch ohne Abwehransprüche. Das ergibt sich vor allem aus der dienstrechtlichen, strafrechtlichen und demokratischen Verwaltungskontrolle. Die vorhandenen Abstufungen rechtlicher Begünstigungen sind so vielgestaltig, daß die Kategorie „Schutz von Individualinteressen" nicht für die Differenzierung ausreicht.

Es ergibt sich auch aus dem vom Gesetzgeber offensichtlich bezweckten Schutz von Individualinteressen keine Vermutung für die höchstmögliche Wirkungskraft dieses Interessenschutzes. Der Destinatär (*H. J. Wolff*), der etwas beantragt hat, darf z. B. einen fehlerhaften

---

wie vor (vgl. FN 13) vom Zwangscharakter des Rechts aus, was dann auch für die subjektiven Rechte gelten muß.

[23a] So BVerwGE 2, 290 (293): eine Rechtsstellung mit der Folge einer Anfechtungsklage gegen Rechtsverletzung „würden die Kläger durch die angeführten Vorschriften, *wenn überhaupt*, nur dann erhalten haben, wenn diese Vorschriften den Schutz der Kläger bezweckten, ..." (Hervorhebung durch Verf.). — *Fromm*, Verwaltungsakte mit Doppelwirkung, VerwArch. 56 (1956), S. 26 ff. (57 f.): Klagebefugnis muß aus dem objektivierten Willen des Gesetzgebers hervorgehen. — Anders als im Text: *Dürig*, Grundgesetz (FN 3), Art. 19 IV, Rdnr. 34 unter c.

[24] In diesem Sinn: *Dürig*, Grundgesetz, a.a.O., (FN 23a).

§ 2 Persönliche Rechtsstellung und subjektives Recht

Ermessensgebrauch der Verwaltung rügen[25], ihm steht aber kein Leistungsanspruch zu.

Das mag das Beispiel des Schutzes der Beamteninteressen bei Beförderungen verdeutlichen. Obwohl das Beamtenrecht auch das Beförderungsinteresse des Beamten schützt, besteht nur ein Recht auf fehlerfreien Ermessensgebrauch des Dienstherrn und kein Anspruch auf Beförderung. Es kommt auf eine konkrete Abwägung des öffentlichen Interesses (hier: „bestmögliche Besetzung der Beamtenstellen") gegen das Individualinteresse (hier: „Interesse am beruflichen Aufstieg") an, wie sie *BVerwGE* 19, 252 (S. 254 f.) vorgenommen hat. Das gilt allgemein; auch schon für die Frage, ob der rechtlich gewollte Schutz des Beförderungsinteresses für einen Anspruch auf Beseitigung eines Ermessensfehlers und Neubescheidung reicht. Geht man nicht so vor, setzt man sich dem Verdacht aus, das öffentliche Interesse von vornherein weniger ernst zu nehmen als das Individualinteresse.

Im vergleichbaren[26] Fall des § 823 II BGB muß auch konkret geprüft werden, ob das Schutzgesetz gerade den Schutz bezweckt, der „wegen der behaupteten Verletzung in Anspruch genommen wird"[27]. Mit Recht hat *R. Knöpfle* festgestellt, daß der Individualschutz-Zweck des Gesetzes eindeutig nur eine negative Abgrenzung hergibt und im übrigen gefragt werden muß, ob sich ein Schadensersatzanspruch rechtssystematisch und unter Abwägung der beteiligten Interessen rechtfertigt[28].

Wollte man jedes rechtlich zumindest *auch* geschützte Interesse als Recht im Sinne von § 42 II VwGO gelten lassen, so wäre die Popularklage, soweit sie für den Bürger überhaupt von Interesse sein kann, von Gesetzes wegen bereits weitgehend zugelassen. Im Rechtsstaat ist ja letzten Endes alle Staatstätigkeit dem Schutz von Individualinteressen[29] zu dienen bestimmt.

---

[25] *Forsthoff*, Lehrbuch 1966 (FN 23), § 10, 3, S. 182. — Das nennt *O. Bühler* (Rechte, FN 13, S. 162, 219 f.) ein formelles subjektives öffentliches Recht. — *Hans J. Wolff*, Verwaltungsrecht I, 1968, § 43 II b, S. 269; — ders., Abwendungsanspruch (FN 5), S. 127, 131: materielles subjektives öffentliches Recht (weil er offenbar davon ausgeht, daß die Rechtsordnung es nicht „formell" gewährt habe). — Vgl. unten in FN 185 c am Ende.

[26] So ausdrücklich *BVerwGE* 2, 290 (293).

[27] *Thomas*, in: *Palandt*, BGB-Komm. 1970, § 823 Anm. 9 b.

[28] *Robert Knöpfle*, Zur Problematik der Beurteilung einer Norm als Schutzgesetz im Sinne des § 823 Abs. 2 BGB, NJW 1967, 697 (700). S. 701 f. weist Knöpfle darauf hin, daß sich die Rspr. des BGH bereits in dieser Richtung bewege. Vgl. dazu noch *BGHZ* 46, 17 (23 f.).

[29] *G. Jellinek*, System (FN 15), S. 58 f. — *E. R. Huber* (Wirtschaftsverwaltungsrecht I, 1953) wendet sich gegen die Gleichsetzung von Interessen- und Rechtsschutz.

Es wird also zu fragen sein, ob der Freiheitssatz des Art. 2 I GG eine persönliche Rechtsstellung im vorstehenden Sinn einräumt oder welchen Inhalt er sonst hat.

§ 3 Der Rechtsbegriff der Freiheit

1. Die unbegrenzte natürliche Freiheit als Rechtsbedingung

Die von der herrschenden Meinung als Schutzobjekt eines persönlichen Rechts aus Art. 2 I GG angesehene Handlungsfreiheit[30] ist die äußere Freiheit schlechthin. Nicht berücksichtigt werden dabei diejenigen Vorgänge, die sich im Inneren des Menschen abspielen und ihrer Natur nach für andere Menschen nicht wahrnehmbar sind (z. B. Gedanken). Die unbegrenzte Handlungsfreiheit ist gestaltlos. Erst wenn man Beziehungen[31] herstellt (Freiheit wovon? Freiheit wozu?), läßt sich die Freiheit in einer ihrer vielfältigen Bedeutungen erfassen. Wertvolle Freiheit gibt es daher begriffsnotwendig nur in den Grenzen bestimmter Maßstäbe, etwa als schöpferische Freiheit oder als Freiheit von ungerechtem Zwang. Die sittliche Freiheit im Sinne *Kants* ist z. B. die Freiheit, der Vernunft gemäß unabhängig von sinnlichen Trieben zu handeln.

Dagegen heißt der Inbegriff *grenzenloser* Freiheit „Willkür". Der an sich durchaus nichts Abwertendes enthaltende Wortbestandteil „Kür" beweist, daß der heutige, negative Wortsinn erst das Ergebnis der bei der zunehmenden Zusammendrängung der Menschen immer schmerzlicheren Erfahrung mit der völligen Bindungslosigkeit von Willensbetätigungen ist[32]. Handelt es sich in Art. 2 I GG um eine un-

---

[30] BVerfGE 6, 32 (36): Die „Handlungsfreiheit im umfassenden Sinne" der ursprünglichen Fassung: „Jeder kann tun und lassen was er will". — *Wernicke*, Bonner Kommentar, Stand vom Juli 1969, Art. 2 Anm. II 1 a mit Nachw.

[31] Vgl. *Mannheim*, Art. 114, 115. Freiheitsschutz und Wohnungsschutz nach der Seite der Justiz, in: Nipperdey (Hrsg.), Die Grundrechte und Grundpflichten der Reichsverfassung, 1. Bd. 1929, S. 316 ff. (321). — *Dürig* (Das Eigentum als Menschenrecht, ZgesStW 109. Bd., 1953, S. 326 ff., S. 336) nennt die Robinsonfreiheit objektlos und daher „im buchstäblichen Sinne ‚gegenstandslos', wenn es auf das Verhältnis zu anderen Menschen ankomme". — Vgl. zum Gleichheitsprinzip *Peter Schneider*, In dubio pro libertate, in: Festschrift DJT, Bd. II (1960), S. 263 ff. (S. 284): „Von Gleichheit schlechthin kann sinnvoll nicht gesprochen werden. Entscheidend ist der Bezugspunkt . . . . Freiheit und Gleichheit sind . . . wechselweise aufeinander bezogen." — Vgl. unten § 6, 2.

[32] *Jacob* und *Wilhelm Grimm*, Deutsches Wörterbuch, XIV. Bd. 2. Abt., bearb. von L. Sütterlin, Leipzig 1960, Stichwort „Willkür": A. „ältere verwendungen, ohne tadelnden sinn", etwa gleichbedeutend mit freiem Ermessen, Freiheit, freier Wahl, als Gegensatz zu Not, Zwang und Trieb, von Gott im Sinne von Allmacht. — B. „neuer gebrauch, meist mit tadelndem

§ 3 Der Rechtsbegriff der Freiheit

begrenzte, ungeformte Freiheit, so muß die Konsequenz lauten: Den Umfang einer persönlichen Rechtsstellung kann die Willkür in der Gestaltung der Beziehungen eines Menschen zu seinen Mitmenschen (einschließlich der Amtswalter der menschlichen Gemeinschaften) nicht angeben[33]. *Forsthoff*, der die Freiheit im Sinne eines „wertindifferenten Rechtsstaates" versteht, sagt daher mit Recht, daß die Freiheit als Abwesenheit von Zwang und Herrschaft des Staates „nichts konstituiert"[34]. Da die Grundrechte des Grundgesetzes aber durchaus etwas konstituieren sollen, läßt sich mit *Walter Jellinek* feststellen: „Die Freiheitsrechte müssen, um echte Rechte zu sein, mehr sein als bloße Freiheiten[35]." Rechte können nur von der Rechtsordnung verliehene oder anerkannte Positionen mit potentieller Rechtsmacht im Sinne subjektiver Rechte sein. Das setzt eine Bestimmtheit voraus, die der Willkür fehlt[36].

---

sinn": ,das gesetzlos-individuelle, principienlose, unmethodische wollen und handeln' (Eisler, philos. wb. 3, 1839 ...), Launenhaftigkeit, Mangel an Ordnung, Zügellosigkeit, Unsittlichkeit, als Gegensatz zu dem durch Vernunft und Sittlichkeit geleiteten Willen und der berechtigten Willensfreiheit. In der 2. Hälfte des 18. Jh. ist die Umwandlung zum Sinn mit üblem Beigeschmack vollzogen (B 1 b). — C. Im neueren Sprachgebrauch sind noch Fälle „ohne tadelnden sinn möglich", vor allem mit Beziehung auf Gott und die Natur. —
Im gleichen Sinn: *Walther Mitzka* (Hrsg.), Trübners Deutsches Wörterbuch, Berlin 1957, Stichwort Willkür. — *Paul/Betz*, Deutsches Wörterbuch, 5. Aufl. Tübingen 1966, Stichwort „Kur²": „Willkür (der tadelnde Nebensinn, der häufig darin liegt, ist nicht urspr.)". — Neuere Nachschlagewerke verzeichnen nur noch den negativen Sinn von Rücksichtslosigkeit, Gewalt: Vgl. *Pekrun*, Das deutsche Wort, 10. Aufl. München 1967; — *Lutz Mackensen* (Hrsg.), Deutsches Wörterbuch, 4. Aufl. Baden-Baden 1962; — Der *Große Brockhaus*, 16. Aufl., kennt über die Verweisung des Stichwortes „Willkür" (12. Bd. 1957) auf die Stichwörter „Ermessen" und „Gleichheit" auch nur den negativen Sinn des Wortes.
[33] Auch *Uber* (Freiheit des Berufs, 1952, S. 51) lehnt „Willkür des einzelnen" als Schutzobjekt des Art. 2 I GG ab. — *Häberle*, Wesensgehaltgarantie (FN 6), S. 47: Keine grundrechtliche „Freiheit zur Beliebigkeit".
[34] *Forsthoff*, Der introvertierte Rechtsstaat und seine Verortung, Der Staat, 2. Bd. (1963), S. 385 ff. (S. 390, 386). Das stört in *Forsthoffs* System des formalen Rechtsstaates nicht, weil es die Wesensgehaltschranke des Gesetzgebers nicht kennt und sich mit dem Prinzip der Legalität der Verwaltung beim Eingriff in Freiheit und Eigentum begnügt, ohne von dem Problem der Drittwirkung von Verwaltungsakten Notiz zu nehmen. Vgl. unten bei FN 56 f.
[35] *W. Jellinek*, Verwaltungsrecht, 1931, S. 208. Er fährt fort: „Auch sie müssen das Merkmal des subjektiven Rechtes an sich tragen: sie müssen eine Willensmacht enthalten,..."; — *Häberle*, Wesensgehaltgarantie, FN 6, S. 146: Freiheitsrechte setzen Rechtsnormen voraus; — Die *Verfassung* von *Berlin* vom 1. 9. 1950 (zuletzt geändert am 28. 3. 1958) spricht in der Präambel vom Willen, „Freiheit und Recht jedes einzelnen zu schützen", und kennt im Grundrechtsteil kein allgemeines Freiheitsrecht.
[36] So im Ergebnis insbesondere *v. Mangoldt/Klein*, Grundgesetz (FN 8), Art. 2, Anm. III 5 b, S. 167 f.

Die Freiheit zur Willkür wird oft als „natürliche Freiheit" bezeichnet, womit der Gegensatz zu einer rechtlich begrenzten, persönlichen Rechtsstellung treffend gekennzeichnet ist[37]. Angesichts der terminologischen Schwierigkeiten mit dem vieldeutigen Wort Freiheit wird vorgeschlagen, mit der wohl herrschenden Übung in der rechtstheoretischen Diskussion nur dann von natürlicher Freiheit zu sprechen, wenn damit eine Position gemeint ist, die mit einer persönlichen Rechtsstellung (im landläufigen Sinne: mit einem subjektiven Recht) wenigstens vergleichbar ist. Ergibt sich nämlich lediglich auf der Rechtsfolgeseite einer Norm eine Handlungsfreiheit, dann ist sie begriffsnotwendig nicht mehr natürliche, d. h. normativ unbegrenzte Freiheit. Es handelt sich dann vielmehr um die Qualität der Betätigung in einem rechtlich abgesteckten Rahmen.

Nebenbei bemerkt ist es daher auch nicht gerechtfertigt, die Aufhebung eines präventiven Verbots durch eine verwaltungsrechtliche Genehmigung als Wiederherstellung der natürlichen Freiheit zu bezeichnen[38]. Mit dieser Bezeichnung würde die rechtliche Bedeutung des präventiven Verbots zu Unrecht bagatellisiert werden.

In Wirklichkeit ist der fragliche Anspruch auf Genehmigung einer nicht verbotenen Betätigung die Rechtsfolge einer konkreten Rechtsstellung, so daß die rechtswidrige Versagung der erforderlichen Genehmigung einen rechtswidrigen Eingriff in eine persönliche Rechtsstellung des Betroffenen bedeutet. Es genügt also gerade nicht, daß ein versagender Verwaltungsakt abstrakt rechtswidrig ist und in eine rechtlich nicht geformte, unbegrenzte Freiheit eingreift. Die gesetzliche Normierung des genehmigungsbedürftigen und des genehmigungsfähigen Tatbestandes enthält vielmehr in Abwägung der Interessen des einzelnen und der Gesamtheit den Anspruch auf Zulassung einer *bestimmten* Freiheitsbetätigung, d. h. eben nicht einfach auf die Betätigung einer natürlichen Freiheit[39].

Stellt man sich die natürliche Freiheit dagegen auf der Bedingungsseite des Art. 2 I GG vor, so würde die Vorschrift lauten: Jeder darf sich so benehmen[40], als ob die Welt nur für ihn da wäre, es sei denn, daß der Staat zum Schutz der Schrankentrias eingreift, um das Zusammenleben im Rahmen der staatlichen Gemeinschaft zu ermöglichen. Es leuchtet ein, daß diese Bestimmung keinen Sinn ergibt, weil

---

[37] In diesem Sinn benutzt *Dürig* den Ausdruck (Grundgesetz, FN 3, Art. 2 I, vor Rdnr. 26). — Den gleichen Sinn hatte die „natürliche Freiheit" (libertas naturalis) in der abendländischen Naturrechtstradition. Vgl. dazu hier unten bei FN 44 und FN 293 bis 296 sowie in FN 294.

[38] Es bedeutet keinen wesentlichen Unterschied, wenn man die Freiheit zur Beliebigkeit mit dem Elfes-Urteil des BVerfG vorher zur persönlichen Rechtsstellung erhebt: so aber *Haselau*, Die Freiheit der Straße als Rechtsproblem (1960), S. 39, 48 f., 102.

[39] Vgl. dazu unten § 7.

[40] Ausführlicher: Wenn jemand von seinem Recht Gebrauch macht, sich so zu benehmen, als ob die Welt nur für ihn da wäre, so darf ihn niemand dabei stören, es sei denn ...

§ 3 Der Rechtsbegriff der Freiheit

Naturzustand und Rechtsordnung zwei unvereinbare Bezugssysteme[41] sind. Nimmt man den Naturzustand zum Ziel, so kann von der Ordnung nicht viel übrig bleiben und umgekehrt. Die natürliche Freiheit eignet sich eben nicht als Rechtsbegriff, auf der Tatbestandsseite der Norm ebensowenig wie auf der Rechtsfolgeseite.

Eine aus dem Naturzustand übernommene Freiheit müßte ja im Grunde auch das „Recht" bedeuten, die der eigenen unbegrenzten Handlungsfreiheit entsprechende, unbegrenzte Gehorsamspflicht der anderen selbst durchzusetzen — ein „Recht", das nur dem Stärkeren[42] zugute käme. *Rousseau* hat das „droit du plus fort" in klassischer Weise als nackte Gewalt gebrandmarkt[43]. Verbietet man aber dem Staatsbürger, sich selbst zu helfen, und unterwirft man ihn den Gesetzen der Rechtsgemeinschaft, so ist die natürliche Freiheit bereits dahin. Das kommt in *Rousseaus* These zum Ausdruck: Mit dem Eintritt in den Staat verliere der einzelne seine natürliche Freiheit und gewinne dafür die bürgerliche Freiheit, nur den Gesetzen als Akten der volenté générale gehorchen zu müssen[44].

Das Prinzip der natürlichen Freiheit des einzelnen läßt sich innerhalb einer menschlichen Gesellschaft rechtlich nicht aufrechterhalten, weil ihm das Prinzip entgegensteht, daß der Staat der Schutz der gegenwärtigen und künftigen anderen und damit der Gemeinschaft zu garantieren hat[45]. Der konsequente Liberalismus kann daher nur auf

---

[41] Vgl. *Dürig*, Eigentum (FN 31), S. 336 f. — Das ist wohl auch der Sinn der Äußerung von *Haas* (Freie Entfaltung der Persönlichkeit, DÖV 1954, S. 70), mit der Freiheit als Grundrecht könnte man „unseren Staat sprengen". — So schon *G. Jellinek*, System (FN 15), S. 103 f., vgl. unten bei FN 386.
Die Unvereinbarkeit der Bezugssysteme zeigt sich darin, daß der Willkür keine brauchbare Schrankentrias gegenübergestellt werden kann. Setzt man die Schranken mit dem Elfes-Urteil allen verfassungsmäßigen Gesetzen gleich, so bleibt (ohne Verfassungsakrobatik) keine Freiheit übrig. Reduziert man die Schranken auf das, was die verfassungsmäßigen Gemeinschaftsbelange zwingend fordern, so entfällt gegenüber einem Grundrecht auf Beliebigkeit jegliche nicht gebotene, sozialgestaltende Gesetzgebung (vgl. dagegen unten bei FN 142 ff.).

[42] Vgl. *Wernicke*, Bonner Kommentar (FN 30), Art. 2 Anm. II 1 b. — Die Kehrseite, die Schutzbedürftigkeit der Schwächeren, hat *Konrad Hesse* (Der Rechtsstaat im Verfassungssystem des Grundgesetzes, in: Festgabe für Smend, 1962, S. 71 ff., S. 85 f.) durch den Hinweis gekennzeichnet, daß „Freiheit im Sinne einer bloß ausgegrenzten Sphäre privater Beliebigkeit außerstande ist, sich selbst zu erhalten, zu schützen und zu gewährleisten".

[43] *Rousseau*, Du Contrat social ou Principes du Droit politique (1762), hrsg. von E. Flammarion, Paris o. J., Buch I, Kap. 3.

[44] *Rousseau*, a.a.O., I, 8 Abs. 2 und 3, mit II, 6 Abs. 7. — Vgl. *Erich Fechner* (Die soziologische Grenze der Grundrechte, 1954, S. 35): „Daß Freiheit auf die Dauer nicht denkbar ist ohne Bindung, das muß den Gliedern eines freien Zusammenlebens gegenwärtig sein, wenn sie frei bleiben wollen."

[45] Art. 3 der *Bayerischen Verfassung* vom 2. 12. 1946: „Bayern ist ein Rechts-, Kultur- und Sozialstaat. Er dient dem Gemeinwohl." — *H. H. Rupp*,

die Robinsonfreiheit zurückgreifen, auf das für die Gesellschaftsordnung utopische Bild des „isoliert gedachten Individuums"[46].

2. Die Freiheit im liberalen, formalen Rechtsstaat

Carl Schmitt hat die vielzitierte These aufgestellt, der Gedanke der Grundrechte sei das fundamentale Verteilungsprinzip des liberalen Zeitalters und bedeute, „daß die Freiheitssphäre des Einzelnen prinzipiell unbegrenzt, die Befugnisse des Staates prinzipiell begrenzt" seien[47]. Diese These war nicht so allgemein gemeint, wie oft angenommen wird. *Carl Schmitt* ging nämlich noch vom Nachtwächterstaat aus und hatte eine „private Freiheit" im Auge, die er systematisch aus der Religionsfreiheit ableitete[48]. Er sagte selbst, ein „sozialistischer Rechtsstaat" mit grundrechtlichen Ansprüchen auf positive Leistungen sozialer oder kultureller Art setze „andere als prinzipiell unbegrenzte Freiheitsrechte voraus"[49]. (In Wahrheit sind unbegrenzte Freiheitsrechte bereits in jedem Rechtsstaat ausgeschlossen, insbesondere wenn er eine gerechte Sozialordnung anstrebt.)

Carl Schmitt hatte auch nur inhaltlich von vornherein abgegrenzte Freiheitsrechte im Auge, die keiner Sozialbindung unterliegen und auf den Bereich anerkannter vorstaatlicher Menschenrechte beschränkt sein sollten[50], wozu nach der Weimarer Verfassung das Recht auf die

---

Grundfragen (FN 15), S. 175: „Alles Recht ist überhaupt nur als Sozialordnung und nicht als Bündel uferlos gedachter und damit einen Kampf aller gegen alle auslösender Rechte denkbar." — *Bettermann* (Grenzen der Grundrechte, 1968, S. 8 f.) sagt, im Bereich zwischenmenschlichen Verhaltens könne es im Rechts- und Sozialstaat „keine schrankenlose Freiheit geben" „schon um allen die gleiche Freiheit zu gewährleisten", aber auch nicht im Verhältnis des Bürgers gegenüber der Gesellschaft oder dem Staat.

[46] *Carl Schmitt* (Inhalt und Bedeutung des zweiten Hauptteils der Reichsverfassung, HDStR II, 1932, S. 590) hat sich diese Blöße allerdings nicht gegeben, da er im gleichen Atemzug von den Freiheitsrechten „des isoliert gedachten oder des mit anderen einzelnen Menschen in Beziehung tretenden Individuums" spricht.

Immerhin lassen sich grundrechtliche Teilbereiche (etwa der Religionsfreiheit) denken, deren Inanspruchnahme in der Privatsphäre des einzelnen bleibt, ohne irgendeinen Mitmenschen zu berühren. Im Grunde handelt es sich allerdings insoweit gar nicht um die grundrechtliche, äußere Freiheit.

[47] *Carl Schmitt*, Verfassungslehre (1928), Nachdruck Berlin 1954, S. 126 und S. 158 mit 157.

[48] *Carl Schmitt*, a.a.O., S. 158 f.

[49] *Carl Schmitt*, Inhalt (FN 46), S. 594. — Heute spricht man davon, daß eine aktive, konkrete Freiheitssicherung durch Gesetz an die Stelle einer abstrakten, negativen Ausgrenzung des Freiheitsraumes zu treten habe: *Schaumann*, Der Auftrag des Gesetzgebers zur Verwirklichung der Freiheitsrechte, JZ 1970, S. 48 ff. (S. 53).

[50] *Carl Schmitt*, Inhalt (FN 46), S. 590 f. — Zum folgenden vgl. unten bei FN 385 ff.

Freiheit der Person gehörte (Art. 114 I WV), aber kein Grundrecht auf (prinzipiell unbegrenzte) allgemeine Handlungsfreiheit.

Schließlich meinte *Carl Schmitt* nur deshalb, eine Freiheit nach Maßgabe der Gesetze[51] sei überhaupt keine Freiheit im liberalen Sinne, weil er annahm, die Wesensgehaltschranke der Grundrechte überkonstitutionell nur für die verfassungsrechtlichen Gesetzesvorbehalte, nicht aber für die Ermächtigungen zur Inhaltsbestimmung i. S. der Art. 151 bis 153 WV begründen zu können. Dagegen erkannte er die Freiheit nach Maßgabe der Gesetze als Freiheit an, solange das Gesetz Vernunft und Gerechtigkeit entspreche[52].

Inzwischen dürfte die liberalistische Einstellung zum Staat weitgehend überwunden sein. Sie ist im Grunde nur als Abwehr einer absoluten Staatsmacht verständlich und deshalb in der Zeit entstanden, in der man den materialen Rechtsstaatsgedanken vergessen hatte[53]. Daß rechtliche Freiheit nicht an eine prinzipiell unbegrenzte, „natürliche" Freiheit anknüpfen kann, leuchtet heute wieder ohne weiteres ein[54]. Der Wandlung vom Nachtwächterstaat zum sozialgestaltenden Staat[55], der die Vorbedingungen individueller Freiheit schafft und wahrt, entspricht nämlich die Rückkehr zu der Erkenntnis, daß sich die politische Existenz des Volkes und die Freiheit des einzelnen nicht wertindifferent gegenüberstehen. Deshalb genügt es nicht, „das durch die klassischen Grundrechte rechtsfrei gehaltene Feld des gesellschaftlichen Individualverhaltens"[56] mittels des Grundsatzes der Legalität der Verwaltung aus deren Wirkungsbereich „auszugrenzen" und als Ausgleich dafür die Gesetzgebung möglichst schrankenlos zu lassen[57].

---

[51] *G. Jellinek* (System, FN 15, S. 103) hielt die Freiheit nach Maßgabe der Gesetze im Geiste des Konstitutionalismus noch für ausreichend.
[52] *Carl Schmitt*, Inhalt (FN 46), S. 590—592, 585.
[53] Dafür spricht *Forsthoffs* Gegenüberstellung des mächtig vordringenden Gedankens „werterfüllter Staatlichkeit" einerseits und der Fortsetzung des „wertindifferenten Rechtsstaates" andererseits (Rechtsstaat, FN 34, S. 390). — Zur Tradition des materialen Rechtsstaates vgl. *H. Schulz-Schaeffer*, Die Staatsform der Bundesrepublik Deutschland, 1966, S. 140 ff., S. 139 Abs. 2.
[54] *Häberle*, Wesensgehaltgarantie (FN 6), S. 47; — *Ehmke*, Prinzipien der Verfassungsinterpretation, VVDStRL 20 (Tagung 1961), S. 53 ff. (85 f.); — *K. Hesse*, Grundzüge (FN 8), S. 171. — Selbst *Über* entnimmt den Rechten anderer und der Gemeinschaftsbezogenheit der Grundrechte immanente Grundrechtsschranken (Freiheit, FN 33, S. 51 ff.). — Ausdrücklich gegen C. Schmitts Verteilungsprinzip: *K. Hesse*, Rechtsstaat (FN 42), S. 87 Anm. 49.
[55] Es handelt sich um einen Unterschied in der Intensität der dem Staat begriffsnotwendig innewohnenden sozialen Ordnungsfunktion.
[56] *Forsthoff*, Rechtsstaat (FN 34), S. 393. — Dahinter steht Forsthoffs Abneigung gegen die geisteswissenschaftliche Wertungsjurisprudenz (a.a.O., S. 393, 391). Vgl. dazu *meine* Staatsform (FN 53), S. 92 ff.
[57] *Forsthoff*, a.a.O., S. 397 f. — Zur Bewältigung der von Forsthoff beschworenen Krisensituation vgl. unten bei FN 138.

Der Staat wird vielmehr in allen seinen Erscheinungsformen, also auch im Bereich der Gesetzgebung, als eine Ordnungskraft verstanden, die an die verfassungsrechtliche Wertordnung gebunden ist. Diese Wertordnung beruht auf dem überstaatlichen Prinzip der Wahrung des Gemeinwohls, in dessen Rahmen die Individualinteressen und die Gesamtinteressen gegeneinander abgewogen und in Einklang gebracht werden müssen[58].

Ebenso wie die rechtliche Freiheit enthält übrigens auch die ethische Freiheit[59] die Rücksichtnahme auf die Freiheit der anderen und auf die Gemeinschaftsinteressen. Man braucht nur an *Kants* kategorischen Imperativ zu denken[60], der in der Gestalt des Rechtsprinzips die Maxime bedeutet, nach der „die Freiheit der Willkür eines jeden mit jedermanns Freiheit nach einem allgemeinen Gesetz zusammen bestehen kann"[61]. Auch der Ethik geht es ja um eine Ordnung menschlichen Zusammenlebens, in der jedem das Seine zukommt[62].

3. Handlungsfreiheit als inhaltliche Qualität rechtlicher Freiheit

Kann die allgemeine Handlungsfreiheit schon mangels Bestimmbarkeit ihres Schutzobjektes nicht auf der Bedingungsseite des Art. 2 I GG als einer Anspruchsnorm gedacht werden[63], so bleibt für sie nur die Rechtsfolgeseite übrig. Dann würde Art. 2 I GG mit dem unserem Rechtssystem zugrunde liegenden, liberalen Prinzip identisch sein: „Es ist erlaubt, was nicht verboten ist oder keinem Gebot widerspricht[64]."

---

[58] Vgl. *Häberle*, Wesensgehaltgarantie (FN 6), z. B. S. 40 f., 47; — *meine* Staatsform (FN 53), § 8; — unten in FN 246.
[59] Unter Ethik verstehen wir mit dem wohl herrschenden Sprachgebrauch die Sozialethik. Die „Individualethik" nennt man heute besser „Moral". Vgl. *meine* Staatsform (FN 53), S. 43 Anm. 56.
[60] *Kant*, Die Metaphysik der Sitten (1797), II. Teil, Metaphysische Anfangsgründe der Tugendlehre, in Cassirer (Hrsg.), Kants Werke Bd. VII, S. 181 ff. (VI, S. 198): „Handele so, daß die Maxime Deiner Handlung ein allgemeines Gesetz werden könne."
[61] *Kant*, a.a.O., I. Teil, Metaphysische Anfangsgründe der Rechtslehre, a.a.O., S. 1 ff. (Einleitung § C, S. 31).
[62] Vgl. *Dürig*, Eigentum (FN 31), S. 336 f.
[63] In diesem Sinn nennt *O. Bühler* (Rechte, FN 13, S. 146) die Gleichsetzung subjektiver öffentlicher Unterlassungsrechte mit „Betätigung der natürlichen Handlungsfreiheit" „eine gelinde Gedankenlosigkeit".
[64] Motive zu dem Entwurf eines Bürgerlichen Gesetzbuches für das Deutsche Reich, Bd. II, Berlin/Leipzig 1888, S. 725 f.: „... was nicht widerrechtlich ist, ist erlaubt". — Die rechtliche Verbotszone ist aber in der Form absoluter Rechtsstellungen anderer ihrerseits wieder generalklauselartig weit.
Anschütz (Die Verfassung des Deutschen Reichs, 1921, 14. Aufl. 1933, S. 543) setzt das fragliche Prinzip mit dem allgemeinen Freiheitssatz gleich.

Dieses Prinzip gehört zu der herrschenden Auffassung[65] vom Recht als einem Komplex von Geboten und Verboten (Imperativentheorie) und bezeichnet eine freiheitliche Rechtstechnik. In einem materialen Rechtsstaat ist aber grundsätzlich nur das nicht verboten, was in einem bestimmten Rahmen bewußt erlaubt sein soll. Der Idee nach läßt sich also für alles Erlaubte eine vom Recht zugeteilte Position finden, die zwar innerhalb ihrer Grenzen beliebiges Handeln zuläßt, aber nicht durch dieses Belieben als solches gerechtfertigt wird[66]. Entscheidend ist vielmehr die positive Wertung des konkreten Handlungsspielraums im Rahmen des Gemeinwohls: z. B. als Eigentumsrecht, Recht auf Vertragsfreiheit, Recht zu bauen usw.[67]. Es können aber auch bloße Chancen erlaubt sein.

Die Handlungsfreiheit im Sinne einer nicht erst vom Staat verliehenen „psychisch-physischen Handlungsmöglichkeit"[68] ist eben kein ausreichender Rechtsgrund, sondern inhaltliche Qualität[69] rechtlicher Freiheit, und stößt deshalb an vielen Stellen an die (z. T. immanenten) Grenzen rechtlicher Freiheit. Die andere Qualität rechtlicher Freiheit, die Fähigkeit, gültige Rechtshandlungen vorzunehmen (Eheschließung, Vertragsabschluß), steht der Freiheit zu beliebigem Handeln übrigens an Bedeutung nicht nach. *Richard Thoma* läßt das allgemeine Freiheitsrecht deshalb durch den ungestörten „Gebrauch der natürlichen Kräfte und privatrechtlichen Befugnisse (‚Freiheit und Eigentum')" charakterisiert sein[70]. Beide Freiheitsarten sind aufeinander angewiesen, wodurch

---

[65] So *Larenz*, Methodenlehre der Rechtswissenschaft, 1960, S. 152. Larenz selbst lehnt die Imperativentheorie ab.

[66] *Ekkehart Stein*, Lehrbuch des Staatsrechts, 1968, S. 200: Die Freiheit zum Handeln wird nicht um ihrer selbst willen geschützt. — a. A. offenbar *Schnur*, Pressefreiheit, VVDStRL 22, S. 101 ff. (103): Umfang eines Freiheitsrechts ergibt sich nur aus den Schranken, nicht aus vorgegebener „Substanz".

[67] *Jesch*, Gesetz und Verwaltung, 1961, S. 139: „... Freiheitsbegriff, der als Begriff natürlich notwendigerweise begrenzt ist; prinzipiell unbegrenzt soll nur ... die Betätigungsmöglichkeit des Einzelnen innerhalb der durch jenen Begriff umschriebenen Sphäre sein." — *Scheuner*, Pressefreiheit, VVDStRL 22 (Tagung 1963), S. 1 ff. (45): „Der Gegenstand grundrechtlicher Schutzes ist immer gegenständlich begrenzt." Vgl. dazu a.a.O., S. 37 bis 47. — *Eberhard Ranft* (Grundrechte und Naturrecht, 1965, S. 58) stellt als Tendenz des Wertdenkens fest: „Wertbezogene Freiheitsansprüche definieren die Zuständigkeiten von Staat und Gesellschaft."

[68] *G. Jellinek*, System (FN 15), S. 46 Anm. 1.

[69] Die rechtliche Freiheit ist insoweit doch wohl innerhalb ihrer Grenzen ein „Reservat individueller Beliebigkeit". (a. A. *Häberle*, Wesensgehaltgarantie, FN 6, S. 152.)

G. Jellinek (System, FN 15, S. 103 f.) bezeichnet diese Qualität, wenn er sagt: Freiheit sei nur innerhalb der gesetzlichen Schranken anerkannt und somit einfach Freiheit von gesetzwidrigem Zwange. Daher sei es „juristisch nicht korrekt, von Freiheitsrechten zu reden ...". Die *eine* Freiheit sei in allen Fällen „substantiell" dieselbe.

[70] *Thoma*, Die juristische Bedeutung der grundrechtlichen Sätze der deutschen Reichsverfassung im allgemeinen, in: H. C. Nipperdey (Hrsg.), Die

1. Teil: Rechtliche Grundlagen

wiederum unterstrichen wird, wie wenig die natürliche Handlungsfreiheit in einer rechtlich geordneten Gemeinschaft als Selbstzweck angesehen werden kann.

Da die allgemeine Handlungsfreiheit lediglich als Rechtsfolge der Abwesenheit von Verboten bedeutsam wird, kann sie nur als Leerformel für das, was übrig bleibt, bezeichnet werden. Es fehlt ihr eine inhaltliche Substanz, die das Eindringen von gesetzlichen oder verwaltungsmäßigen Eingriffen abwehren könnte. Der Umfang des fraglichen Freiheitsraumes läßt sich mit der für eine Rechtsstellung erforderlichen Bestimmtheit gar nicht erkennen, ohne eine Handlungsform zu konkretisieren und zu werten, d. h. ohne eine verletzbare Sphäre abzugrenzen.

Daran ändert sich auch dann nichts, wenn man den objektivrechtlich bereits durch Art. 20 III GG garantierten[71] Grundsatz der Gesetzmäßigkeit der Verwaltung in Art. 2 I GG enthalten sieht. Er soll dann in der Formulierung von *Thoma* ein „subjektives Recht auf Unterlassung aller" den Bürger „rechtswidrig beschränkenden Verwaltungsakte"[72] bedeuten. Derlei Formulierungen kranken daran, dem Gesetzmäßigkeitsprinzip den Anschein einer persönlichen Rechtsstellung zu geben, während sie tatsächlich auf ein „Betroffensein" (eine Beschränkung) des Bürgers abstellen, dessen Voraussetzungen außerhalb des Gesetzmäßigkeitsprinzips liegen.

Das gilt auch für die Ausführungen von *Henke*[73]. Obwohl er davon ausgeht, das von der Verwaltung verletzte öffentlich-rechtliche Gesetz begründe einen Anspruch des betroffenen Bürgers (S. 56, 100), ist nämlich für Henke entscheidend, daß der Bürger „in seinen eigenen Angelegenheiten ... betroffen ist" (S. 60), d. h. daß die Gesetzwidrigkeit „faktisch" (S. 56) in die „natürliche und tatsächliche Individualität des Einzelnen" (S. 61) eingreift. Dem Gesetzgeber wird dabei nur zugebilligt, die Voraussetzungen zu normieren, unter denen die individuelle Freiheit beschränkt werden darf (S. 53), nicht aber, dem Bürger spezielle Rechtspositionen gegen die Verwaltung zu verleihen (S. 54). Da-

---

Grundrechte und Grundpflichten der Reichsverfassung, 1. Bd. 1929, S. 1 ff. (S. 16). — *Jesch* (Gesetz, FN 67, S. 132) betont auch den Zusammenhang der „Freiheit und Eigentum"-Formel „im Sinne einer ganzheitlichen Bezeichnung der persönlichen und sachlichen Freiheitssphäre des Bürgers".

[71] So *v. Mangoldt*, Grundgesetz (FN 91), Art. 2 Anm. 2, Abs. 1 a. E. — *Maunz*, Grundgesetz (FN 3), Art. 20 Rdnr. 124 ff.: Vorrang und Vorbehalt des Gesetzes. — Vgl. unten bei FN 395 ff.

[72] *Thoma* (System, FN 13, S. 621) setzt für ein echtes subjektives Recht eine entsprechende verwaltungsprozessuale Klageklausel voraus.

[73] *Henke*, Recht (FN 13). Die Seitenzahlen im folgenden Text verweisen auf diese Schrift. — Zur im folgenden erwähnten Freiheitsvermutung vgl. unten § 5, 3 und zum rechtlichen „Betroffensein" „individueller Lebensäußerungen" vgl. § 6, 2.

§ 3 Der Rechtsbegriff der Freiheit

mit soll die „Begründung des subjektiven öffentlichen Rechts unabhängig vom Willen des Gesetzgebers" erreicht werden, weil dieser „nicht Herr des Rechts" sei (S. 61, 4; wobei die Verfassungsmäßigkeit der Gesetze vorauszusetzen ist, S. 52).

Da Henke die Grundrechte als Status- oder Quellrechte für die Entstehung subjektiver öffentlicher Rechte außer Betracht läßt (S. 54 unten, S. 100 f.), bleibt die individuelle Freiheit eine natürliche allgemeine Handlungsfreiheit, die dem Recht vorgegeben ist. Henke endet also bei einer unbegrenzten Freiheitsvermutung, die nicht nur eine Klagebefugnis verschafft, sondern auch ein „Recht auf Freiheit von ungesetzlichem Zwang"; und das, obwohl er selbst erkannt hat, ein solches „Recht" eröffne keinen Weg zur Konkretisierung subjektiver Rechte (S. 97). Bei der Anwendung seiner Theorie kommt Henke denn auch mit dem Kriterium der dem Gesetz vorgegebenen „eigenen Angelegenheit" des Bürgers nicht aus. Er muß vielmehr z. B. prüfen, ob das fragliche Gewerbegesetz ausschließlich dem öffentlichen Interesse oder auch dem Interesse des Konkurrenten zu dienen bestimmt ist (S. 74 f.) und ihm eine Rechtsstellung einräumt.

Auch die oben behandelte Kehrseite des Grundsatzes der Gesetzmäßigkeit der Verwaltung, das Erlaubtsein des nicht Verbotenen, hilft nicht weiter. Die Tatsache, daß etwas nicht verboten und deshalb erlaubt ist (z. B. eine konkurrenzlose Gastwirtschaft zu betreiben), entscheidet ja noch nicht darüber, ob es sich um eine rein tatsächliche Chance, einen bloßen Rechtsreflex oder eine gegen Verletzungen geschützte persönliche Rechtsstellung handelt[74]. Der alteingesessene Gastwirt darf sich nach herrschender Meinung nicht mit der Gewerbepolizei über die Zuverlässigkeit des neuen Konkurrenten streiten, weil seine Rechtssphäre gar nicht betroffen ist.

Aber selbst wenn feststeht, daß die rechtliche Freiheitssphäre eines Bürgers berührt wird, bedarf es mehr als des Hinweises auf das Gesetzmäßigkeitsprinzip, um einen wirksamen Schutz zu haben. Angesichts der elastischen Regelungs- und Eingriffsermächtigungen unseres Verfassungs- und Verwaltungsrechts hängt die Feststellung der Rechtswidrigkeit eines Eingriffs weitgehend von der Bewertung einer konkreten Gegenposition ab. Das gilt vor allem für den Anwendungsbereich der Grundsätze der Güterabwägung und der Verhältnismäßigkeit[75].

---

[74] Vgl. *Hesse*, Grundzüge (FN 8), S. 172 f. Daß die Abgrenzung gegen den Rechtsreflex das wesentlichste Kriterium der persönlichen Rechtsstellung (des „subjektiven öffentlichen Individualrechts") ist, wird allgemein anerkannt. — Vgl. schon G. *Jellinek*, System (FN 15), S. 71 unten. — Vgl. bei und in FN 245.

[75] Mit Recht sieht daher *Thoma* (Bedeutung, FN 70, S. 16 f.) im allgemeinen

30   1. Teil: Rechtliche Grundlagen

Dürigs Ansicht, Art. 2 I GG gebe jedenfalls als Grundsatz der Gesetzmäßigkeit des Eingriffs in die Freiheit ein subjektives öffentliches Recht her, läßt sich also nicht halten. *Dürig* meint: „Was zu unterlassen sei, ist aber stets bestimmt genug allein dadurch, daß für jeden staatlichen Eingriff eine positivrechtliche Deckung nötig ist" und „Die Freiheit braucht nun einmal keine ‚Ausführungsgesetze'"[76]. Er übersieht die Unmöglichkeit, allein an Hand der Handlungsfreiheit eine verletzbare Sphäre festzustellen, wenn es außerhalb des Art. 2 I GG keine Anknüpfungspunkte für die Konkretisierung einer persönlichen Rechtsstellung gibt[77]. Er beachtet außerdem die Wechselwirkung nicht genügend, die zwischen den vom Staat zu wahrenden Gesamtinteressen und den grundrechtlich geschützten Individualinteressen besteht[78]. Diese Wechselbezüglichkeit schließt es aus, den Umfang der positivrechtlichen Regelungs- oder Eingriffsermächtigung richtig zu bestimmen, ohne die Gegenposition des Bürgers aus der für eine Rechts- und Anspruchsbegründung zur farblosen Sphäre der bloßen Handlungsfreiheit herauszuheben.

Auch *Dürigs* Hinweis auf die unmittelbare Anwendbarkeit des Art. 3 II GG und auf *BVerfGE* 3, 225 überzeugt nicht. Dort handelt es sich nämlich um eine unvergleichlich konkretere Bestimmung und im entschiedenen Fall um die verfassungsrechtliche Modifizierung des geltenden Familienrechts im Sinne einer 50jährigen Gleichberechtigungsdiskussion und einer sich bereits abzeichnenden herrschenden Meinung in der Rechtsprechung[79].

Im übrigen widerlegt *Dürig* seine These von der unmittelbaren Anwendbarkeit des Art. 2 I GG selbst, indem er besonders auf die Ausführungen des Bundesverfassungsgerichts verweist, daß es zur „schöp-

---

Freiheitssatz ein „Prinzip", das für einen wirkungsvollen Schutz konkreter Freiheiten nicht ausreiche. Vgl. unten bei FN 387 f. — Vgl. *Ekkehart Stein*, Lehrbuch (FN 66), S. 200 f.; — *Wittig*, Bundesverfassungsgericht und Grundrechtssystematik, in: Festschrift für Gebhard Müller (1970), S. 575 ff. (588 bei Anm. 60). — Vgl. die Abwägung in *BVerwG* NJW 1970, 1890 (1892) und zum Grundsätzlichen unten bei FN 135 f.

[76] *Dürig*, Grundgesetz (FN 3), Art. 2 I Rdnr. 5 unter 1 b, bb mit Anm. 1. — Vgl. dagegen auch unten § 7, z. B. in und bei FN 227 ff.

[77] *Lerche*, Übermaß (FN 5), S. 299 Anm. 158: Vernachlässigung des „Unmittelbarkeitserfordernisses". — *Jesch* (Gesetz, FN 67, S. 139) sagt eindeutig, das Problem, die vom Gesetzmäßigkeitsprinzip beherrschte Sphäre von Freiheit und Eigentum zu bestimmen, lasse sich nicht mit dem von Carl Schmitt formulierten „Verteilungsprinzip" (oben bei FN 47) lösen. „Denn das Problem liegt gerade im Inhalt und Umfang des Freiheitsbegriffes, der als Begriff natürlich notwendigerweise begrenzt ist; ..." — Deshalb kann es auch keinen Wesensgehalt einer allgemeinen Handlungsfreiheit geben: *Lerche*, Übermaß (FN 5), S. 298.

[78] *Häberle*, Wesensgehaltgarantie (FN 6), z. B. S. 12 ff., 34 ff.

[79] *BVerfGE* 3, 225 (245).

ferischen Rechtsfindung" des Richters gehöre, Gesetzeslücken zu schließen, und daß das zur Generalklausel des § 242 BGB mit Erfolg geschehen sei[80]. Der richtige Vergleich mit dem Grundsatz von Treu und Glauben bestätigt nämlich die hier vertretene Erkenntnis: Art. 2 I GG und § 242 BGB verleihen keine persönliche Rechtsstellung, sondern sind Grundsätze des objektiven Rechts, die eine Auslegungsregel enthalten und eine persönliche Rechtsstellung erst über eine rechtsschöpferische Konkretisierung verschaffen können.

§ 4 Der Freiheitssatz als rechtsethische Generalklausel

1. Das Rechtsprinzip des Art. 2 I GG

Weil Art. 2 I GG wegen Art. 1 III GG nicht als bloßer Programmsatz verstanden werden kann, bleibt seine Bedeutung als Generalklausel für die *Auslegung*[81] und *Ergänzung*[82] der Grundrechte bestehen. Der Freiheitssatz des Art. 2 I GG stellt die Freiheit an den Anfang des Grundrechtskataloges und rückt die Schrankentrias in einen Nebensatz. Dem Art. 2 I GG ist also in Verbindung mit dem Humanitätsprinzip des Art. 1 I GG zu entnehmen, daß die Gemeinschaftsordnung letzten Endes ihre Rechtfertigung und ihren Zweck im Dienst an der Person des einzelnen Bürgers findet.

Das Wesen in das Recht eingefügter Generalklauseln liegt in der Verweisung auf außerrechtliche, gesellschaftliche Anschauungen, die der Sitte oder der Ethik zuzurechnen sind[83]. Daß das Freiheitsprinzip mit der Anknüpfung an den Wert der freien Entfaltung der Persönlichkeit auf ethische Normen verweist[84], ergibt sich zunächst aus der

---

[80] *Dürig*, Grundgesetz (FN 3), Art. 2 I Rdnr. 5 unter 1 b, dd mit Hinweis auf BVerfGE 3, 225 (243 f.).
[81] *v. Mangoldt/Klein*, Grundgesetz (FN 8), Art. 2 Anm. III 5 b und c, S. 168 ff.; — *Haas*, Entfaltung (FN 41), S. 71; — *Wehrhahn*, Systematische Vorfragen einer Auslegung des Art. 2 Abs. I des Grundgesetzes, AöR 82 (1957), S. 250 ff. (272); — *Wertenbruch*, Der Grundrechtsbegriff und Art. 2 Abs. I GG, DVBl. 1958, S. 481 ff. (486); — *Dürig*, Grundgesetz (FN 3), Art. 2 I Rdnr. 71 f.; — *H. C. Nipperdey*, Freie Entfaltung der Persönlichkeit, in: Bettermann/Nipperdey (Hrsg.), Die Grundrechte, IV. Bd. 2. Halbbd. 1962, S. 741 ff. (757, 764 f.).
[82] Vgl. unten bei und in FN 176 bis 179.
[83] Vgl. *meine* Staatsform (FN 53), S. 43 ff., S. 52 ff.
[84] Art. 1 Rheinl.-Pfälz. Verf. v. 18. 5. 1947 spricht von einem „natürlichen Recht" „... auf die freie Entfaltung seiner Persönlichkeit innerhalb der durch das natürliche Sittengesetz gegebenen Schranken". — *Wertenbruch*, Grundrechtsbegriff (FN 81), S. 486: legt „den spezifisch juristischen Grund für die ‚vorstaatliche' Gegebenheit der nachfolgenden Grundrechte offen". — *Ekkehart Stein*, Lehrbuch (FN 66), S. 200: materialer Gehalt, der über den formalen und wertneutralen Begriff des Tun und Lassen hinausgeht. — *Lerche*,

engen Verbindung dieses Freiheitswertes mit dem Humanitätsprinzip des Art. 1 I GG. Dieser Zusammenhang ist ebenso allgemein anerkannt[85] wie die fehlende Grundrechtsqualität des Art. 1 I GG[86], der als „oberstes Konstitutionsprinzip allen objektiven Rechts"[87] auf ein ethisches Prinzip[88] verweist.

Auch der Wortlaut „freie Entfaltung der Persönlichkeit" zwingt zur Anerkennung seiner ethischen Bedeutung, selbst wenn der Verfassungsgeber diese Konsequenz der Umformulierung der „Freiheit, zu tun und zu lassen", was nicht gegen die Schrankentrias verstößt, nicht gewollt haben sollte. Hier dürfte eine Interpretation gegen den Wortlaut der Verfassung nicht möglich sein. Dem wäre der geschichtliche Sinn des limitierten Freiheitssatzes als ethisches Prinzip[89] und die Tatsache entgegenzuhalten, daß ohne Art. 2 I GG als rechtsethisches Prinzip im positivrechtlichen System des Grundgesetzes eine unerträgliche Lücke vorhanden wäre. Sowohl als Auffangrecht wie als allgemeiner Gemeinschaftsvorbehalt kann Art. 2 I GG die Spezialgrundrechte wirksam nur ergänzen, wenn er ein konkretisierbares rechtsethisches Prinzip bedeutet.

Übermaß (FN 5), S. 116 Anm. 70: begriffliche „Grenzen nicht wertneutraler Art". — a. A. z. B. *Nipperdey* (Entfaltung, FN 81, S. 771 ff.), der zu Unrecht annimmt, andernfalls werde die Wirtschaftsfreiheit ausgeschlossen; — *Herbert Krüger*, Neues zur Freiheit der Persönlichkeitsentfaltung, NJW 1955, S. 201 ff. (202): Die Entfaltungsfreiheit sei „durchaus wertneutral".

[85] *v. Mangoldt/Klein*, Grundgesetz (FN 8), S. 163; — *Dürig*, Grundgesetz (FN 3), Art. 2 I Rdnr. 1, 3, 4 Anm. 3 und Rdnr. 72 Abs. 1.

[86] *v. Mangoldt*, Grundrechte und Grundsatzfragen des Bonner Grundgesetzes, AöR 75 (1949), S. 273 ff. (279); — *v. Mangoldt/Klein*, (FN 8), S. 148; — *Dürig*, Grundgesetz (FN 3), Art. 1 Rdnr. 4 mit weiteren Nachw.; — *Bettermann*, Grenzen (FN 45), S. 5; — *Schmidt-Bleibtreu*, in: Maunz/Sigloch/Schmidt-Bleibtreu/Klein, Bundesverfassungsgerichtsgesetz (Stand 1967), § 90 Rdnr. 54; er selbst ist a. A.: § 90 Rdnr. 49 gegen Ende. — a. A. vor allem auch: *H. C. Nipperdey*, Die Würde des Menschen, in: Neumann/Nipperdey/Scheuner (Hrsg.), Die Grundrechte, II. Bd. (1954) S. 1 ff. (S. 11 ff.). Nipperdey beschreibt wie zu Art. 2 I GG (FN 81) das Wesen eines Verfassungsprinzips, ohne es als solches anzuerkennen: „Wurzel und Quelle aller später formulierten Grundrechte." — In dieser Richtung — mit Konkretisierung — BVerfGE 15, 283 (286): „... die Ehre des Beschwerdeführers — und damit sein Grundrecht aus Art. 1 Abs. 1 GG berühren."

[87] *Dürig*, Grundgesetz (FN 3), Art. 1 Rdnr. 4 und 14 (unter Hinweis auf *Wintrich*). — BVerfGE 6, 32 (36): „daß Art. 1 GG ... zu den tragenden Konstitutionsprinzipien gehört".

[88] *Dürig*, Grundgesetz (FN 3), Art. 1 Rdnr. 2 unter b: „sittlicher, rechtlich nur rezipierter Anspruch". — Auch die einzelnen Menschenrechte gehören in das Gebiet der Ethik. Daraus ergibt sich die Bedeutung verfassungsrechtlich positivierter Grundrechte und die zurückhaltende Formulierung des Art. 79 III GG, der inhaltliche Grundsätze nur als ethische Prinzipien für verfassungsfest erklärt.

[89] s. unten bei FN 303—306, 329 f., 335—338, in § 10, 1 und bei FN 368—375.

§ 4 Der Freiheitssatz als rechtsethische Generalklausel

Man sollte auch die „sprachlichen Gründe"[90], die v. Mangoldt zur Ablehnung des „zu vulgären" Ausdrucks „Freiheit zu tun und zu lassen" bewogen haben, nicht zu leicht nehmen. Die Sinnunterschiede verschiedener sprachlicher Wendungen können durchaus zunächst — mehr unbewußt — durch das Sprachgefühl wahrgenommen werden. Schließlich hatte v. Mangoldt den Freiheitssatz selbst als „Generalklausel für die ganzen Grundrechte" beabsichtigt und damit offensichtlich ein rechtsethisches Prinzip gemeint[91]. Mit Recht erklärt *Häberle*[92], daß die Verfassungen mit Formulierungen wie der des Soweitsatzes von Art. 2 I GG — und das gilt auch für die Formulierung der Entfaltungsfreiheit — klüger gewesen seien als die Verfassungsgesetzgeber. Im vorliegenden Fall kam die Schwierigkeit hinzu, daß auch eine rechtsethisch gebundene und damit von vornherein auf den Kernbereich beschränkte Freiheit *innerhalb* dieses Ordnungsrahmens qualitativ „Freiheit zur Beliebigkeit" blieb und *insoweit* mit Recht „Freiheit zu tun und zu lassen" genannt werden konnte[93].

Verweist das Recht im Rahmen einer Generalklausel auf ethische Wertvorstellungen der Gemeinschaft, um die Rechtssphäre anderer zu begrenzen, so ist damit das ethische Minimum gemeint, das Allgemeinverbindlichkeit in Anspruch nehmen kann, weil es unabdingliche Voraussetzung eines gedeihlichen Zusammenlebens in der konkreten Gemeinschaft ist. Gebote und Verbote der Ethik, deren Nichtbeachtung als unerträglich empfunden wird, sind bereits als rechtsethische Normen Bestandteil eines offenen Rechtssystems[94].

Für die Bedeutung des Art. 2 I GG als Auffangnorm und für die Bestätigung der hier vertretenen Ansicht durch die Geschichte des Freiheitssatzes[95] ist es wichtig, sich die Zwischenstellung der Rechtsethik

---

[90] BVerfGE 6, 32 (36 f.).
[91] v. Doemming/Füsslein/Matz, Entstehungsgeschichte der Artikel des Grundgesetzes, JöR, NF Bd. 1 (1951), S. 1 ff. (S. 61, 59 f.). In diesem Sinne hat v. Mangoldt die Abkehr von der Formulierung „Freiheit, zu tun und zu lassen" mit der antiliberalen Tendenz gerechtfertigt, in Verbindung mit der Verbürgung von „Eigenwert und Eigenständigkeit des Menschen" durch Art. 1 I GG die „Anerkennung des Persönlichkeitswertes" zu betonen (Das Bonner Grundgesetz, 1953, Art. 2 Anm. 2, und z. T. schon: Grundrechte, FN 86, S. 280). — Vgl. hier unten bei FN 403 f.
[92] Wesensgehaltgarantie (FN 6), S. 231.
[93] Vgl. oben bei FN 66 ff. und *Jesch* in FN 67.
[94] Vgl. *meine* Staatsform (FN 53), S. 53 und hier unten § 9, 3 (bes. bei und in FN 303 f., 318 ff.) sowie bei FN 373 f. — O. v. Gierke (Johannes Althusius ..., 1880, Neudruck 1958, S. 278) berichtet aus dem deutschen Mittelalter vom Bewußtsein des Unterschiedes zwischen den alle Gewalt bindenden „rein ethischen" Geboten und den Rechtsschranken des göttlichen und natürlichen Rechts. — *Fritz Werner* (Tendenzen, FN 2, S. 27) spricht vom „Kernbereich des Rechts, der ... auch in der Gegenwart lebendig ist".
[95] Vgl. unten Teil III, §§ 9 und 10.

zwischen Ethik und Recht klarzumachen. Wie die Logik der Sprache zeigt, gehört die Rechtsethik mehr zur Ethik als zum Recht[96]. Auch wenn man vom „überpositiven Recht" spricht, handelt es sich in erster Linie um einen Teil der Ethik, weil es positive Rechtsordnungen gibt, die sich ethischen und sogar rechtsethischen Forderungen verschließen. Dagegen ist es das entscheidende Kriterium des materialen Rechtsstaates, die Rechtsethik als Teil seiner Rechtsordnung anzuerkennen und Verfahrensweisen vorzusehen, in denen sich ethische und vor allem rechtsethische Forderungen rechtsförmlich Geltung verschaffen können[97]. Das geschieht durch die Verpflichtung aller staatlichen Gewalt auf die Grund- und Menschenrechte (Art. 1 I bis III GG) sowie auf die verfassungsmäßige Rechtsordnung und das übergesetzliche Recht (Art. 20 III GG) mit den darin enthaltenen Verweisungen auf ethische Werte. Dabei handelt es sich um die Rechtswerte der Individual- und Sozialgerechtigkeit sowie der Rechtssicherheit, die unter dem Leitbild des Gemeinwohls im Prinzip der Rechtsstaatlichkeit zum Ausgleich zu bringen sind[98].

Als rechtsethisches Prinzip enthält der objektive Rechtssatz zum Schutz der freien Entfaltung der Persönlichkeit das Gebot, denjenigen Freiheitsraum des Individuums unangetastet zu lassen, der nach dem Menschenbild des Grundgesetzes für die freiheitliche, eigene Lebensgestaltung des Menschen in diesem Staat *unabdingbar* ist. Der sich bereits aus der systematischen Stellung im Grundgesetz ergebende Vorrang dieses Freiheitsprinzips gegenüber dem ebenfalls rechtsethischen Prinzip, daß die unabdinglichen Gemeinschaftsbelange (einschließlich der Rechte anderer) zu wahren sind[99], wird auch durch die Anknüpfung der Schrankentrias in einem Nebensatz deutlich. Die Konjunktion „soweit" besagt dabei nach der herrschenden Rechtstechnik, die materielle Beweislast für die Zurückdrängung des rechtsethischen Freiheitsraumes liege bei demjenigen, der sich auf die Schrankentrias beruft.

2. Der Schutz des Kernbereichs personaler Freiheit

Im Investitionshilfegesetz-Urteil BVerfGE 4, 7[100] hatte das *Bundesverfassungsgericht* noch das richtige Gespür dafür, daß das Menschenbild des Grundgesetzes die Handlungsfreiheit „von vornherein"

---

[96] Auf dem zweiten Wort eines zusammengesetzten Begriffes liegt das Schwergewicht der Bedeutung.
[97] Vgl. *meine* Staatsform (FN 53), S. 68 ff. und S. 164 ff.
[98] Vgl. *meine* Staatsform (FN 53), S. 51 ff., S. 65 ff. und hier unten in FN 246.
[99] Vgl. dazu unten § 8. — Damit ist die Balance zwischen den beiden Seiten des Freiheitssatzes hergestellt, ohne die er kein durchgehendes Grundrechtsprinzip sein kann. — Vgl. *Lerche,* Übermaß (FN 5), S. 299 mit Lit. in Anm. 160.
[100] *BVerfGE* 4, 7 (15 f.).

§ 4 Der Freiheitssatz als rechtsethische Generalklausel   35

durch die Schrankentrias begrenze und daß Art. 2 I GG im Grunde nur den Eigenwert und die Eigenständigkeit der Person schütze. Die theoretische Konstruktion des Elfes-Urteils erweckt aber den Anschein, als ob das Recht zunächst einmal eine allgemeine Handlungsfreiheit anerkenne und sie dann nachträglich im Rahmen der Schrankentrias wieder einenge. Abgesehen von den Auswirkungen auf die Zulässigkeit von Verfassungsbeschwerden und auf bestimmte Wertungsaspekte[101] kommt das Gericht aber doch wieder auf das Ergebnis des Investitionshilfe-Urteils zurück. Das geschieht durch die These[102], Bestandteil der verfassungsmäßigen Ordnung des Art. 2 I GG könne nur ein Gesetz sein, durch das ein „letzter unantastbarer Bereich menschlicher Freiheit" respektiert werde[103].

Dieser Bereich ist qualitativ etwas anderes als ein (gar nicht denkbarer[104]) Wesensgehalt der allgemeinen, nicht wertorientierten Handlungsfreiheit[105]. Deshalb spricht das Bundesverfassungsgericht in seiner ausführlichen Exegese des Art. 2 I GG im Elfes-Urteil auch nicht etwa von einer entsprechenden Anwendung des Art. 19 II GG auf den Wesensgehalt der allgemeinen Handlungsfreiheit[106]. Es ist vielmehr der Umweg über das Menschenbild der verfassungsmäßigen Ordnung erforderlich, um die Wertgesichtspunkte einführen zu können, die eine „allgemeine Handlungsfreiheit" nicht hergibt. Nach der ständigen Praxis des Bundesverfassungsgerichtes seit dem Elfes-Urteil dient Art. 2 I GG also im Hinblick auf den Gesetzgeber[107] doch nur dem Schutz des „Kernbereichs personaler Freiheit"[108].

---

[101] Vgl. unten bei FN 120 ff.

[102] *Ehmke*, Prinzipien der Verfassungsinterpretation, VVDStRL 20 (Tagung 1961) S. 53 ff. (S. 84). — *Ekkehart Stein* (Lehrbuch, FN 66, S. 200) nennt die Rechtsprechung des BVerfG eine Kombination der Theorie der allgemeinen Handlungsfreiheit mit der Kernbereichstheorie.

[103] BVerfGE 6, 32 S. 41 (Elfes-Urteil zur Ausreisefreiheit); 6, 389 S. 433 (Homosexualität).

[104] Vgl. oben in FN 77.

[105] In diesem Sinn: *Ekkehart Stein*, Lehrbuch (FN 36), S. 200 f.

[106] Die Verwendung dieses Ausdrucks im Preisgesetzurteil BVerfGE 8, 274 (328) ist wohl nur als Abkürzung für das Ergebnis der Überlegungen des Elfes-Urteils anzusehen, zumal im gleichen Atemzuge (richtig) vom Wesensgehalt der Vertragsfreiheit die Rede ist. Auch im Ehescheidungsakten-Beschluß BVerfGE 27, 344 (350 f.) läßt sich der Wesensgehaltschutz für „das Grundrecht aus Art. 2 Abs. 1 GG" auf das vom BVerfG behandelte „verfassungskräftige Gebot der Achtung der Intimsphäre" beziehen. — a. A. *Dürig* (Grundgesetz, FN 3, Art. 2 I GG, Rdnr. 31), der Art. 19 II GG auf eine allgemeine Handlungsfreiheit nach Art. 2 I GG anwenden will.

[107] Bezüglich der Verwaltung verwirklicht das Elfes-Urteil die überholte These vom grundsätzlich unbegrenzten Freiheitsrecht (vgl. oben § 3, 2), soweit die Schrankentrias nicht im Bereich des Rechtsmißbrauchs und mit Hilfe der Polizeiklausel unmittelbar durchsetzbare Freiheitsgrenzen enthält (vgl. unten § 8).

[108] Diesen für den wesentlichen Inhalt des „materialen" Rechtsstaats von

Allerdings ist hier im Sinne *Wintrichs* der Kernbereich auf allen Gebieten der Persönlichkeitsentfaltung gemeint, d. h. nicht nur im Bereich kultureller, politischer und wirtschaftlicher Handlungsfreiheit, sondern auch „im Ablauf des täglichen Lebens"[109]. Das geht über den Schutz der Menschenwürde hinaus und insoweit auch über die von *Hans Peters* als geschützt bezeichnete „höhere Sphäre des Menschlichen"[110]. Betrachtet man sich die im Rahmen des Art. 2 I GG inzwischen mit Recht allgemein anerkannten neuentwickelten Freiheitsrechte, so wird man kaum bestreiten können, daß ihr schutzbedürftiger Kernbereich weiter reicht als ihr Menschenwürdegehalt, insbesondere bei der Vertrags-, Wettbewerbs- und Wirtschaftsfreiheit sowie beim Persönlichkeits- und Streikrecht[111]. Dementsprechend nennt die *Hes-*

E. R. Huber (DÖV 1956 S. 203) geprägten Ausdruck hat *Wintrich* für Art. 2 I GG übernommen (Zur Auslegung und Anwendung des Art. 2 Abs. 1 GG, in: Festschrift für Apelt, 1958, S. 1 ff., S. 7). a.a.O., S. 3 nennt *Wintrich* die „Eigenständigkeit" und den „Eigenwert der menschlichen Person" unantastbar (vgl. BVerfGE 4, 7 S. 15 f.). Diese Gedanken seines damaligen Präsidenten spiegeln sich in der Rechtsprechung des Bundesverfassungsgerichts: *BVerfGE* 10, 55 S. 59 (Körordnung): „Kernbereich der menschlichen Persönlichkeit"; 8, 274 S. 329 (Preisgesetz): „die Eigenständigkeit, die Selbstverantwortlichkeit oder die Würde der Person"; 12, 341 S. 347 (Zusatzumsatzsteuer): „sich als verantwortlicher Unternehmer wirtschaftlich frei zu entfalten"; 17, 306 S. 314 (Mitfahrer): „elementare Äußerungsformen der menschlichen Handlungsfreiheit"; 27, 344 S. 350 f. (Ehescheidungsakten): „unantastbarer Bereich privater Lebensgestaltung". —

Vgl. *Ehmke* (Wirtschaft, FN 8, S. 34 Anm. 80): Schutz des „personalen Bereichs"; — *C. H. Ule*, Preisstopp für Bauland im Bereich von Entlastungsstädten, VwArch. 54 (1963), S. 345 ff. (354): allgemeine Handlungsfreiheit „nur insoweit geschützt ... als sie der freien Entfaltung der Persönlichkeit dient". — Vgl. auch in FN 84, 109, 111 und 116.

[109] *Wintrich*, Auslegung (FN 108), S. 6 f. mit S. 4. — *Lerche*, Übermaß (FN 5), S. 299: Schutz der Individualität des Grundrechtsträgers ohne Beschränkung auf „werterfüllte Höhenlagen". — *Hesse*, Grundzüge (FN 8), § 12 I 10, S. 173: „Gewährleistung der engeren persönlichen, freilich nicht auf rein geistige und sittliche Entfaltung beschränkten, Lebenssphäre." — *Wintrich* (Zur Problematik der Grundrechte, 1957, S. 19) hat mit Recht ganz allgemein festgestellt, daß der Menschenwürdegehalt eines Grundrechts seinen Wesensgehalt nicht erschöpft.

[110] *Hans Peters*, Recht (FN 4), S. 49; — ders., Entfaltung (FN 8), S. 673: „Auswirkung des echten Menschentums im Sinne der abendländischen Kulturauffassung." — Dem hat *Bachof* (DÖV 1954, S. 352) ausdrücklich zugestimmt. Angesichts der Akzeptierung des Elfes-Urteils durch die Rechtspraxis hat Bachof seine Meinung allerdings nicht weiter verfochten, vgl. *Bachof*, Freiheit des Berufs, in: Die Grundrechte, III. Bd. 1. Halbbd. (1958) S. 155 ff. (167). — Vgl. *Walter Hamel*, Die Bedeutung der Grundrechte im sozialen Rechtsstaat, 1957, S. 35: „Urrecht auf Integrität des geistigen Wesens des Menschen."

[111] In diesem Sinn sieht *Scheuner* die Lösung in der „Akzentverlagerung auf den persönlichkeitsrechtlichen Kern", aber abweichend von Peters ein-

§ 4 Der Freiheitssatz als rechtsethische Generalklausel

sische *Verfassung* die Würde, die Persönlichkeit und die Ehre des Menschen nebeneinander[112].

Auch die sicher sachgerechte Möglichkeit, juristische Personen in den Schutzbereich des Art. 2 I GG einzubeziehen[113], spricht für die weitere Auslegung des Begriffs der freien Entfaltung der Persönlichkeit. Sie wird außerdem durch die Überlegung bestätigt, daß Art. 2 I GG nur dann ein durchgehendes Verfassungsprinzip sein kann, wenn die freie Entfaltung der Persönlichkeit den unantastbaren Bereich der Spezialfreiheitsrechte einschließt. Wenn man schon die grundsätzliche Vereinsfreiheit kaum der höheren Sphäre des Menschlichen zurechnen kann, so geht das beim Kern des Petitionsrechts bestimmt nicht[114]. Gerade auch der Hinweis auf die totalitären Systeme[115] macht deutlich, daß die als unerträglich empfundene Freiheitsbeschränkung durchaus nicht nur in der eklatanten Mißachtung des Menschentums liegt, sondern auch in der ständigen Weigerung, den wesentlichen personalen Lebensbereich zu respektieren, das Minimum an Unabhängigkeit, Selbständigkeit und Bewegungsfreiheit, das unser heutiges Lebensgefühl fordert[116].

---

schließlich z. B. wirtschaftlicher Freiheitsbetätigungen (Pressefreiheit, FN 67, S. 39 Anm. 111). — *H. Peters*, Recht (FN 4), bezweifelt von seinem Standpunkt aus, daß die Wettbewerbsfreiheit zur freien Entfaltung der Persönlichkeit gehöre (S. 81) und ist auch bezüglich der Vertragsfreiheit zurückhaltend (S. 33, 79). — Ähnlich äußert sich *Hans Huber* (Die verfassungsrechtliche Bedeutung der Vertragsfreiheit, 1966, S. 13 ff.) bezüglich der Vertragsfreiheit, weil sie nicht nur Akt der Selbstbestimmung, sondern auch des Einverständnisses sei. — *BAGE* 1, 299 läßt die Frage nach dem grundrechtlichen Streikrecht offen.

[112] *Hess. Verf.* v. 1. 12. 1946, Art. 27: „Die Sozial- und Wirtschaftsordnung beruht auf der Anerkennung der Würde und der Persönlichkeit des Menschen"; Art. 3: „Leben und Gesundheit, Ehre und Würde des Menschen sind unantastbar."

[113] Das lehnt *H. Peters* ab: Recht (FN 4), S. 31.

[114] *Kleinrahm*, Diskussionsbeitrag, in: H. Peters, Recht (FN 4), S. 65.

[115] *H. Peters*, a.a.O., S. 75.

[116] *Scheuner*, Grundrechtsinterpretation und Wirtschaftsordnung, DÖV 1956, S. 65 ff. (69): „elementarer Bereich persönlicher Würde und Freiheit". Vgl. die Formulierungen des *BVerfG* oben in FN 108. — Art. 1 II der *Verf. von Rheinland-Pfalz* v. 18. 5. 1947: „Der Staat hat die Aufgabe, die persönliche Freiheit und Selbständigkeit des Menschen zu schützen..."
Daß ein Gesetz in den Kernbereich personaler Freiheit eingreifen würde, das den Erwerb einer Kfz.-Fahrerlaubnis im Übermaß einschränken würde, scheint mir z. B. selbstverständlich. Fraglich kann nur sein, ob man hier mit einer Analogie zu Art. 2 II GG (körperliche Bewegungsfreiheit) und Art. 12 I GG (berufsähnliche Tätigkeit, oft Bestandteil oder Voraussetzung beruflicher Tätigkeit) oder mit einem Libertätsrecht (vgl. unten bei FN 163 f.) auf Teilnahme am Kfz.-Verkehr arbeiten sollte. — Vgl. die Überlegungen von *Hans-Ulrich Evers*, Zur Auslegung von Art. 2 Abs. 1 des Grundgesetzes, insbesondere zur Persönlichkeitskerntheorie, AöR 90 (1965), S. 88 ff. (S. 97).

Damit sind die Bedenken ausgeräumt, die gegen den zu engen Schutzbereich der Persönlichkeitskerntheorie (*Hans Peters*) und gegen den erforderlichen Wertmaßstab[117] geltend gemacht worden sind. Die Feststellung, welches sozialadäquate Verhalten, das der persönlichen Rechtssphäre („Entfaltung *seiner* Persönlichkeit") zugehört, gesetzlichen Beschränkungen entzogen sein muß, haben wir bereits bei der Anwendung der Wesensgehaltgarantie und der Eigentumskerngarantie zu treffen[118]. In Art. 2 I GG findet sich der allgemeingültige Maßstab für diese Feststellungen, denen aus dem Gewicht der in Frage stehenden Freiheitsbetätigungen für den einzelnen und für die Freiheitlichkeit der Sozialordnung hinreichende Konkretisierungsgesichtspunkte zuwachsen.

Im Polizeirecht ist es uns z. B. durchaus geläufig, daß repressive Verbote nicht gegenüber (sozialadäquaten) Handlungen ausgesprochen werden dürfen, die „nach allgemeiner Auffassung zu einem geordneten menschlichen und staatlichen Zusammenleben nun einmal notwendig gehören und nicht einfach überhaupt ausgeschaltet werden können, ohne daß durch ihr gänzliches Verbot die öffentliche Ordnung als solche gestört wird"[119].

3. Die Abgrenzung gegen einen abstrakten Verfassungs- und Gesetzesvollziehungsanspruch

Trotz der hier vertretenen und berechtigt erscheinenden Ausweitung des Schutzes der Persönlichkeitsentfaltung ist *Peters* darin recht zu geben, daß Art. 2 I GG nicht entwertet werden darf[120]. Insbesondere läßt sich für diejenigen Tätigkeiten aus Art. 2 I GG kein Schutzrecht herleiten, denen die allgemeine Rechtsordnung ohne Verstoß gegen rechtsethische Postulate des Freiheitsschutzes die Zuordnung zur Rechtssphäre des einzelnen versagt[121]. *Peters'* Beispiele beziehen sich

---

[117] m. E. sind hier die „gesicherten gemeinsamen Grundlagen der geistigen Auseinandersetzung" vorhanden, die *Evers* (a.a.O., S. 95) für den Fall vermißt, daß es auf Fragen des philosophischen Personalismus ankäme. — (Wie *Evers* schon *Nipperdey*, Entfaltung, FN 81, S. 773.) — Das auch zu *Ernst Hesse*, Die Bindung des Gesetzgebers an das Grundrecht des Art. 2 I GG bei der Verwirklichung einer „verfassungsmäßigen Ordnung" (1968), S. 27; vgl. andrerseits, a.a.O., S. 82 ff. (Menschenbild des GG, nur rechtlich normierte Freiheit möglich).

[118] *Evers* (Auslegung, FN 116, S. 95) sieht mit Recht die Parallele zur Bewältigung des Art. 19 II GG.

[119] *Drews/Wacke*, Allg. Polizeirecht (1961) § 19, 6 b.

[120] *H. Peters*, Entfaltung (FN 8), S. 673; — vgl. im übrigen FN 8.

[121] Zur Rolle der gesellschaftlichen Rechtsordnung bei der Konkretisierung des Freiheitssatzes vgl. unten § 7. —

In diesem Bereich wird die Theorie vom unbegrenzten Recht auf beliebiges Handeln zum allgemeinen Gesetzesvollziehungsanspruch, weil sie die Klage-

§ 4 Der Freiheitssatz als rechtsethische Generalklausel

auf die Benutzung eines öffentlichen Weges, die nicht durch eine persönliche Rechtsstellung gedeckt ist[122]. In der gleichen Richtung liegt das „Recht" der Hinterbliebenen, auf einem Gemeindefriedhof der einschlägigen Satzung zuwider einen polierten Grabstein aufzustellen. Die ausführlichen Erörterungen über die verschiedene Spiegelungswirkung schwarzer und gesprenkelter Grabmale und ähnliche Ermessensfragen hätten den *Bayerischen Verwaltungsgerichtshof*[123] doch wohl davon abhalten müssen, hier den Wesensgehalt der „geistigen Freiheit" der Hinterbliebenen angetastet zu sehen. Schließlich sollte man auch dem politischen Interesse des Bürgers, Beschlüsse der Gemeindevertretung zu beeinflussen, noch etwas Spielraum lassen.

Ein weiteres Beispiel ist das Recht, zu genehmer Zeit einen geöffneten Einzelhandelsladen vorzufinden. Daß die Ladenschlußvorschriften Hausfrauen gegenüber mehr als „eine bloße Reflexwirkung" hätten[124], läßt sich nur an Hand der These von der allgemeinen Handlungsfreiheit halten. Hier ist aber weder in der allgemeinen Rechtsordnung noch in rechtsethischen Persönlichkeitsbedürfnissen ein Ansatzpunkt für eine persönliche Rechtsstellung der Hausfrauen gegenüber dem Staat[125] oder auch nur gegenüber den Ladeninhabern zu finden. Daß der Kern personaler Freiheit nicht auf dem Spiel steht, ist offenbar.

Bei der Frage der Zulässigkeit einer Verfassungsbeschwerde zeigt sich der Unterschied zwischen der Rechtsprechung des Bundesverfassungsgerichts und der hier vertretenen Ansicht. Das Gericht bürdet sich mühsam wirkende Ausführungen darüber auf, daß der Gesetzgeber in das „Recht" der Hausfrau eingreifen darf, am Sonnabendnachmittag einzukaufen. Die Überdehnung der Zulässigkeit der Verfassungsbeschwerde aus Art. 2 I GG führt, wenn in Wahrheit keine persönliche Rechtsstellung berührt wird, zum subjektiven Individual-

---

befugnis gegen jegliche Drittwirkung von Real- und Verwaltungsakten der öffentlichen Hand eröffnet.

[122] *H. Peters*, Entfaltung (FN 8), S. 673: Benutzung eines Spazierweges; — ders., Recht (FN 4), S. 27 f.: Flugblattverteilung vom Kraftwagen aus (BVerfGE 7, 111).

[123] *BayVGH* VwRspr. 12, 951 (bes. S. 956 f. und S. 958 f.). — Noch liberaler: *BVerwGE* 17, 119 (121).

[124] So aber *BVerfGE* 13, 225 (233).

[125] *Evers* (Auslegung, FN 116, S. 96): Die Anrufung der Gerichte erscheint verfehlt. — Es läßt sich allerdings theoretisch eine Ladenschlußregelung denken, die in die *Vertragsfreiheit* der Kunden eingreift. Gegen sie würden aber bereits die Ladeninhaber auf Grund des Art. 12 I GG alle Hebel in Bewegung setzen. Auch *W. Schmidt* kritisiert, daß das BVerfG in der Ladenschlußentscheidung das Erfordernis der unmittelbaren Verletzung des Beschwerdeführers „umlaufen" habe (Freiheit, FN 4, S. 73 Anm. 137). — Die von *Nipperdey* (Entfaltung, FN 81, S. 886) definierte Konsumfreiheit deckt nur die Freiheit, ob, was, wieviel und wo (nicht wann) man kauft.

recht auf abstrakte Normenkontrolle und zu einer Überbewertung nicht schutzwürdiger individueller Positionen. Da man auf diese Positionen im Interesse der Gemeinschaft wenig Rücksicht nehmen kann[126], werden Exekutive und Rechtsprechung vielfach zu Unrecht dem Verdacht ausgesetzt, grundrechtliche Freiheit zu mißachten. Andererseits hat das zu weit gefaßte Freiheitsgrundrecht bereits dazu geführt, dem Staat zum Ausgleich zu starke Eingriffsrechte einzuräumen. So läßt man dem Sozialstaatsprinzip lediglich *entsprechende* Gesetze genügen[127], wo im Grunde die *Notwendigkeit* eines sozialstaatlichen Eingriffs gefordert werden müßte[128].

Nach der hier vertretenen Ansicht würde z. B. ein Recht des freiberuflich Tätigen auf Selbstversorgung zum Kern personaler Freiheit zählen[129]. Das *Bundesverfassungsgericht* hat aber auf Grund der Theorie von der allgemeinen Handlungsfreiheit nur noch festgestellt, daß die bayerische Ärzteversorgung als Bestandteil der verfassungsmäßigen Ordnung angesehen werden könne, d. h. insbesondere weder dem Rechts- noch dem Sozialstaatsprinzip *widerspreche*, wobei das Rechtsstaatsprinzip nur als Grundsatz der Verhältnismäßigkeit des Mittels in Erscheinung tritt[130], ohne ernstlich angewandt zu werden (weil der allgemeinen Handlungsfreiheit eben keine abwägbare Substanz abzugewinnen ist). Sätze wie die folgenden tragen die Entscheidung:

„Die Ärzteversorgung erfüllt eine legitime öffentliche Aufgabe des Staates (vgl. BVerfGE 10, 89 S. 102 ff.). Sie fügt sich nach Idee und Gestaltung der modernen Sozialpolitik sinnvoll ein[131]."

---

[126] Vgl. z. B. die oben genannten Fälle der gleichmäßigen Einschränkung des Gemeingebrauchs an öffentlichen Wegen, etwa bei Verkehrsregelungen oder öffentlichen Baumaßnahmen. (Etwas anderes ist die Beeinträchtigung persönlicher Rechtsstellungen bei Eingriffen in die Gesundheit oder in die Existenzfähigkeit eines Gewerbebetriebes.) Die Überdehnung der persönlichen Rechtsstellung des Bürgers wird ganz allgemein beim adressatlosen Verwaltungshandeln aktuell, wozu der sog. Verwaltungsakt mit Drittwirkung (bezüglich des Dritten) nur einen Unterfall bildet. Ganz ähnlich ist die Situation oft in dem für die Sozialgestaltung so wichtigen Planfeststellungsrecht.
[127] In diese Richtung weist *BVerfGE* 8, 274 S. 329 (Preisurteil) bzgl. der Vertragsfreiheit.
[128] Vgl. unten in FN 136.
[129] a. A. H. Peters, Recht (FN 4), S. 26 f. — Kleinrahm (a.a.O., FN 114, S. 65) wie im Text. Er hält eine ärztliche Zwangsversorgung für verfassungswidrig, insbesondere wegen der Subsidiarität sozialstaatlicher Eingriffe.
[130] BVerfGE 10, 354 (364). S. 369 ist zwar von der Erforderlichkeit der Freiheitseinschränkung die Rede, aber sie wird nur im Rahmen des sozialen Versicherungsprinzips bejaht. Daß die Versicherung als solche erforderlich sei, ist nicht festgestellt worden. Vgl. dazu auch S. 371: „vertretbarer" Eingriff.
[131] BVerfGE 10, 354 (363). — BVerfGE 10, 89 (102) hat die griffige Einschränkungsformel von der „legitimen öffentlichen Aufgabe" geliefert, die

Nach dem Kernbereich personaler Freiheit wird nicht gefragt, sondern lediglich die rechtliche Relevanz des „freien Berufes" bestritten. Das Gericht stellt schließlich fest, daß dem Gesetzgeber hier „ein weiter Raum für freie Gestaltung" verbleibe. Es seien auch im Interesse des Gemeinwohls (i. S. des Gesamtwohls) bloß „vertretbare" Eingriffe in die Freiheit zulässig. Der Gedanke, der die Entscheidung allein rechtfertigen könnte, nämlich die Notwendigkeit der Freiheitsbegrenzung wegen vorrangiger gesundheitspolitischer Erwägungen, findet sich nur in dem Hinweis, daß sich der Gesetzgeber aus diesem Gesichtspunkt zum Eingreifen habe verpflichtet halten können[132]. (Aber *durfte* er es?)

§ 5 Die Vermutung für den Kernbereich personaler Freiheit

1. Die Notwendigkeit der Güterabwägung

Das Argument des Bundesverfassungsgerichts gegen die inhaltliche Begrenzung der „freien Entfaltung der Persönlichkeit" auf den Kern personaler Freiheit[133] ist nicht überzeugend: Es sei nicht verständlich, wie die Entfaltung innerhalb des Kernbereichs gegen die Schrankentrias verstoßen könnte; also müsse Art. 2 I GG die Handlungsfreiheit im umfassenden Sinn meinen[134].

---

für den Bereich außerhalb des Kerns personaler Freiheit genügen mag, für die Grenzziehung zum Kern personaler Freiheit aber unzureichend ist.

[132] *BVerfGE* 10, 354 (369 f.). Im übrigen ist das Gericht offenbar von der Tatsache beeindruckt gewesen, daß die bayerische Ärzteversorgung bereits 1923 (in der Zeit der Geldentwertung!) auf Initiative „der bayerischen Ärzte" entstanden sei (S. 366). Aber: Wenn die Ärzte wirklich einigermaßen geschlossen hinter dieser Forderung stehen, müßte wohl auch eine freiwillige Versicherung genügen, zumal keine Staatszuschüsse gegeben werden (S. 370). Immerhin sind 7 % des Einkommens als Beitrag zu zahlen (S. 356). Der Hinweis auf die Handwerkerversicherung und die Altershilfe für Landwirte als Beispiele für die „Entwicklung" (S. 369) kann eine wertende Entscheidung nicht ersetzen. Er ist aber bezeichnend. Das Gericht wollte nämlich offensichtlich den Trend zur staatlichen Berufsversicherung als solchen gut heißen und hat deshalb bewußt auf die Rechtfertigung der Ärzteversicherung durch den vorrangigen Gemeinschaftswert der Volksgesundheit verzichtet, wohl deshalb, weil entsprechende Abwägungen bei den Handwerkern und Landwirten kaum überzeugen könnten. — Die vorstehende Auslegung des Urteils *BVerfGE* 10, 354 wird in *BVerfGE* 12, 319 (323) mit dem Ausspruch bestätigt, es komme nicht darauf an, ob die Schaffung einer ärztlichen Zwangsversicherung sozial- und gesellschaftspolitisch „zweckmäßig oder gar notwendig" sei. — Vgl. dazu auch unten bei FN 272—275.

[133] Das *BVerfG* bezieht sich zwar auf die Persönlichkeitskerntheorie von *Peters*. Der Grundgedanke des richterlichen Arguments trifft aber für alle Versuche zu, den Wesensgehalt rechtlicher Freiheit zu umschreiben.

[134] *BVerfGE* 6, 32 (36). — *Dürig* (Grundgesetz, FN 3, Art. 2 I Rdnr. 11 unter 4 a, dd) nennt dieses Argument „verblüffend einleuchtend". — Auch *Nipperdey* (Entfaltung, FN 81, S. 774) ist ihm gefolgt, obwohl er den Sinn der Trias als „Kollisionsnorm" erkannt hat.

Wie schon die Konjunktion „soweit" zeigt und unserem, gerade von der Rechtsprechung des Bundesverfassungsgerichts mitgeprägten Verfassungsrechtsdenken geläufig ist, handelt es sich bei der Verwirklichung von Grundrechten, Verfassungsdirektiven und Verfassungsgrundsätzen darum, die Interessenkonkurrenz innerhalb einer stets neu auszubalancierenden Wertordnung aufzulösen. Deshalb gelten die Grundsätze der Verhältnismäßigkeit von Mittel und Zweck (Eignung, Erforderlichkeit und Angemessenheit) als Verfassungsgrundsätze, nicht zuletzt bei der Abgrenzung des Kernbereichs personaler Freiheit nach Art. 2 I GG[135]. Wenn gesetzesfeste Grundrechtsgrenzen in Frage stehen, ist darüber hinaus zunächst einmal zu prüfen, ob der Zweck — abgesehen von den konkreten Mitteln — überhaupt zu einer Einengung des Grundrechtskerns berechtigt. Das ist nur dann der Fall, wenn rechtsethische Forderungen der Schrankentrias unabdinglich den Vorrang der fraglichen Zweckverfolgung erfordern (Grundsatz der Güterabwägung)[136].

---

[135] In der Terminologie folgt der Text *H. J. Wolff*, Verwaltungsrecht III, 1967, § 138 V. — Die Verhältnismäßigkeit von Mittel und Zweck (Angemessenheit) wurde z. B. ausführlich geprüft in: *BVerfGE* 8, 274 S. 328 (Preisgesetz). — Eignung, Erforderlichkeit und Angemessenheit sind behandelt zum Wesensgehalt des Art. 2 II GG in *BVerfGE* 17, 108 S. 117 f. (Hirnkammerluftfüllung) und zum Wesensgehalt der Achtung vor der Intimsphäre (Art. 2 I GG) in *BVerfGE* 27, 344 S. 352 (Ehescheidungsakten). — Vgl. zu Art. 14 GG *BVerfGE* 20, 351 S. 361 f. (Tollwut).

[136] So zur Wirtschaftsfreiheit Art. 151 II WV. — Art. 3 II *Bremische Verf.* v. 21. 10. 1947: „Die Freiheit kann nur durch Gesetz eingeschränkt werden, wenn die öffentliche Sicherheit, Sittlichkeit, Gesundheit oder Wohlfahrt es erfordert." — Art. 98 *Bayer. Verf.* v. 2. 12. 1946: „Die durch die Verfassung gewährleisteten Grundrechte dürfen grundsätzlich nicht eingeschränkt werden. Einschränkungen durch Gesetz sind nur zulässig, wenn die öffentliche Sicherheit, Sittlichkeit, Gesundheit und Wohlfahrt es zwingend erfordern." — Vgl. zu Art. 2 I GG das Preisurteil *BVerfGE* 8, 274 (329): „zum Nutzen des allgemeinen Wohls gebotene preisrechtliche Maßnahmen". Hier ist die Güterabwägung in die Prüfung der Angemessenheit des Mittels einbezogen. Ebenso in *BVerfGE* 18, 315 S. 327 (Milchmarktordnung) und im Ehescheidungsaktenbeschluß *BVerfGE* 27, 344 (351, 353).
Deutlich herausgestellt ist die Güterabwägung dagegen zu Art. 12 GG im Apothekenurteil *BVerfGE* 7, 377 (405), zu Art. 4 III GG in *BVerfG DÖV* 1970, 708 (709) und ihre spezielle Ausformung im Rahmen des Art. 5 II GG im Lüth-Urteil *BVerfGE* 7, 198 (210 f.). — Im Ergebnis ebenso *BGHSt* 4, 375 (377) und *BVerwGE* 2, 295 (300). Es handelt sich ungeachtet der unterschiedlichen Terminologie um die zulässige Verschiebung der Grenze des gesetzesfesten Grundrechtsbereichs zu Lasten des Bürgers. — Daß das Prinzip der Güterabwägung oder Angemessenheit über den Grundsatz der Verhältnismäßigkeit zwischen Zweck und Mittel hinaus bedeutsam sein kann, hat *Lerche* (Übermaß, FN 5, S. 307) für den Staatsnotstand ausgesprochen, sachlich aber auch für die „Direktiven" der verfassungsmäßigen Ordnung des Art. 2 I GG anerkannt (S. 299 f.). — Die Güterabwägung bei der Feststellung der Wesensgehaltgrenze hat insbesondere *Häberle* deutlich herausgearbeitet: Wesensgehaltgarantie (FN 6), z. B. S. 31 ff. (bes. 36), 68, 125. — a. A. *Herbert Krüger*, Der Wesensgehalt der Grundrechte i. S. des Art. 19 GG, DÖV 1955, S. 597 ff. (597 f., 599 f.). Die Entscheidung der in der Verfassungssphäre immer „offenen"

§ 5 Die Vermutung für den Kernbereich personaler Freiheit

Allerdings verstößt die Entfaltung der Persönlichkeit *innerhalb* des Kernbereichs, *nachdem* man ihn abgegrenzt hat, nicht gegen die Schrankentrias. Art. 2 I GG gibt aber erst die Maßstäbe, an denen der Umfang der geschützten Freiheit zu messen ist[137]. Er benutzt dabei mit der Wendung „freie Entfaltung der Persönlichkeit" eine Formulierung, die darauf hinweist, daß es auch auf seiten der Freiheit auf Wertabwägungen ankommt.

Wie schwierig die erforderlichen Wertabwägungen selbst gegenüber einer so unverrückbar erscheinenden Grenze wie dem gesetzesfesten Kern eines speziellen Grundrechts sind, ist uns allen geläufig. Man denke nur an die Art. 12 und 14 GG. Es kommt hinzu, daß der Freiheitsbereich eines Grundrechts in verschiedenen Situationen verschieden groß sein kann. In Not- und Krisenzeiten kann „die soziale Bindung" der Grundrechte „naturgemäß stärker sein als in gewöhnlichen Zeiten"[138].

Ein allgemeiner Verfassungsgrundsatz zum Schutz des Kernbereiches personaler Freiheit erscheint also durchaus sinnvoll. Neben seiner speziellen Ausgestaltung in Art. 19 II GG[139] gewinnt er besondere Bedeu-

---

„Frage des Richtigen" dürfe nicht allein den Staatsorganen überlassen werden (S. 600). Vgl. dazu unten in und bei FN 210. — Vgl. im übrigen unten bei und in FN 261—263 und zur Konkretisierung der Schrankentrias § 8, 2.

[137] So ganz deutlich Art. 3 *Bremische Verfassung*, wo auf die Feststellung der Gemeinwohlbindung der Handlungsfreiheit („Alle Menschen sind frei. Ihre Handlungen dürfen nicht die Rechte anderer verletzen oder gegen das Gemeinwohl verstoßen.") noch eine konkrete Einschränkungsermächtigung für den Gesetzgeber folgt (vgl. FN 136). — Vgl. zum folgenden oben bei FN 84 ff.

[138] Bezüglich Art. 14 GG: *BGHZ* 6, 270 (279); *BVerfGE* 8, 71 (80): „Hier hängt ... die Beurteilung des nach dem Grundgesetz Zulässigen auch von den Zeitumständen ab." — Vergleichbar: *BVerfGE* 1, 162 (178): „Aber es gibt Erscheinungsformen der Selbstverwaltung, die sich in besonderen Notlagen gewisse Einschränkungen gefallen lassen müssen. Der Maßstab ... ändert sich nach den besonderen Bedürfnissen der Zeit." — Vgl. *BFH* BStBl. 1963, III, 415 (416). — Vgl. *Willi Geiger*, Die Wandlung der Grundrechte, in: Imboden (Hrsg.), Gedanke und Gestalt des demokratischen Rechtsstaates (Wien 1965) S. 9 ff. (33). — *Wernicke* (Bonner Kommentar, FN 30, Art. 19 Anm. II 2 a) erwähnt die Möglichkeit von Abwandlungen des Schutzzweckes. — *Häberle*, Wesensgehaltgarantie (FN 6), S. 55 f., und zum geschichtlichen Wandel des Wesensgehalts von Grundrechten: a.a.O., S. 213 ff. — *E. Hesse*, Bindung (FN 117), S. 89 mit weiteren Nachw.

[139] Vgl. *Dürig*, Grundgesetz (FN 3), Art. 2 I Rdnr. 72: Art. 2 I GG würde auch bei Fehlen des Art. 19 II GG eine „Freiheitssubstanzgarantie" enthalten. — Die These des Textes wird durch *Häberles* Ergebnis bestätigt, daß Art. 19 II GG die selbstverständliche Konsequenz einer Gesamtschau der Verfassung sei (Wesensgehaltgarantie, FN 6, S. 234 ff.: „deklaratorische Bedeutung"). Da *Häberle* aber zu wenig auf die prinzipielle Bedeutung des Art. 2 I GG achtet, erkennt er nicht, daß Art. 2 I GG als allgemeines Verfassungsprinzip bei der Güterabwägung eine Vermutung für den Wesensgehalt nach Art. 19 II GG hergibt. Vgl. aber auch unten bei FN 150.

tung in den Fällen der Art. 2 I und 14 GG, in denen der Gesetzgeber zur Ausgestaltung der „persönlichen und sachlichen Freiheitssphäre" (Freiheit und Eigentum[140]) berufen ist.

Dient Art. 2 I GG dem Schutz des Kernbereichs der personalen Freiheit im Sinne einer Garantie des Wesensgehalts einer am Menschenbild des Grundgesetzes orientierten Freiheit und unter Berücksichtigung der Güterabwägung und der Verhältnismäßigkeitsgrundsätze, so läßt sich ihm eine praktikable, rechtlich rezipierte rechtsethische Auslegungsregel entnehmen. Es geht um die Abwägung der Rechte anderer, des Sittengesetzes und der verfassungsmäßigen Ordnung einschließlich der damit zu berücksichtigenden Interessen der Gesamtheit und der Rechtssicherheit einerseits[141] gegen die Interessen der personalen Freiheit andererseits. Das ist im folgenden unter dem Gesichtspunkt der Freiheitsvermutung und in § 8 für den Inhalt der Schrankentrias genauer zu betrachten.

2. Der Bereich weitgehender Gestaltungsfreiheit des Gesetzgebers

Solange das Auslegungsprinzip des Art. 2 I GG nicht zum Zuge kommt, der dem Gesetz grundsätzlich versperrte Kernbereich der Freiheit also nicht berührt wird, kann der Gesetzgeber gemäß Art. 20 III GG davon ausgehen, daß der individuelle Freiheitsanspruch und der Gemeinschaftsschutz nach der verfassungsmäßigen Wertordnung „im sozialen Rechtsstaat gleichermaßen legitime Forderungen" sind[142]. Der einzelne muß sich sogar

„diejenigen Schranken seiner Handlungsfreiheit gefallen lassen, die der Gesetzgeber zur Pflege und Förderung des sozialen Zusammenlebens ... in den Grenzen des bei dem gegebenen Sachverhalt allgemein Zumutbaren zieht ..."[143].

---

[140] Diese Formel findet sich bei *Jesch,* Gesetz (FN 67), S. 132.

[141] Vgl. dazu *BVerfGE* 6, 32 (41) und speziell zur legitimierenden Wirkung der Schrankentrias: *BVerfGE* 6, 389 (434).

[142] *BVerfGE* 7, 377 (405) zu Art. 12 GG. — In diesem Sinn auch *Dürig,* (Grundgesetz, FN 3, Art. 2 I Rdnr. 25) zur Abwägung der Entfaltungsfreiheit des Art. 2 I GG gegen die Aufgabe des Staates zur Gestaltung der sozialen Ordnung. — Vgl. *Lerche,* Übermaß (FN 5), S. 296 f.; — *Häberle,* Wesensgehaltgarantie (FN 6), S. 40 f., 47. — *BVerwGE* 6, 354 S. 356 (Verkehrsunterricht): Sozialstaatliche Regelung, welche die Entfaltungsfreiheit nicht beeinträchtigt.

[143] Investitionshilfeurteil *BVerfGE* 4, 7 (16). Vgl. auch das Preisgesetzurteil *BVerfGE* 8, 274 (329) und das Zwangspflegschaftsurteil *BVerfGE* 19, 93 (96). Entsprechendes gilt für die Stufen 1 und 2 des Apothekenurteils *BVerfGE* 7, 377 (405: Rechtfertigung durch „vernünftige Erwägungen des Gemeinwohls"; 406: auf Stufe 1 sind „nicht zumutbare gesetzliche Auflagen" verboten; 407: Vorschriften dürfen auf der 2. Stufe „nicht außer Verhältnis" zum Zweck

§ 5 Die Vermutung für den Kernbereich personaler Freiheit

Der Gesetzgeber bewegt sich hier in einem Bereich, in dem es genügt, daß seine Gesetze mit der verfassungsmäßigen Ordnung des Art. 20 III GG übereinstimmen, also durch die von der Verfassung anerkannten Gemeinschaftswerte gerechtfertigt werden. Darüber hinaus bedarf es bezüglich der Zulässigkeit des gesetzlichen Zweckes keiner Güterabwägung. Die vom Bundesverfassungsgericht vorgesehene Zumutbarkeitsprüfung beschränkt sich auf die Grundsätze der Verhältnismäßigkeit von Mittel und Zweck[144]. Die Prinzipien der Eignung, der Erforderlichkeit und der Angemessenheit dürften daher anzuwenden sein, ohne daß die *Erforderlichkeit* der Durchsetzung des gesetzgeberischen *Zweckes* nachzuweisen ist[145]. Es kommt allerdings erst dann zu einer Prüfung der Verhältnismäßigkeit, wenn es sich um denjenigen Teil eines bisher unbenannten Freiheitsrechts (Libertätsrechts) handelt, der über den Kernbereich hinausreicht. Andernfalls liegt mangels einer verletzbaren persönlichen Rechtsstellung kein Eingriffstatbestand vor.

Man wird sagen können, daß sich das Verfassungsgericht in diesem Zusamenhang etwa der gleichen Zurückhaltung befleißigt wie bei der Rechtsprechung zu Art. 3 I GG, d. h.: der mangelnde Nachweis unzumutbarer Gesetzgebung spricht für die Verfassungsmäßigkeit des Gesetzes[146].

---

stehen). — Auch *BVerwGE* 2, 295 (300) macht deutlich, daß der Gesetzgeber außerhalb der Wesensgehaltgrenze nicht an eine zwingende Eingriffsnotwendigkeit gebunden ist.

[144] Vgl. *BVerfGE* 10, 354 S. 364 ff. (vgl. oben bei FN 130 f.); — 13, 230 S. 234 ff. (Ladenschluß); — 17, 306 S. 315 bis 317 (Mitfahrer). — *Häberle* (Wesensgehaltgarantie, FN 6, S. 67 ff.) differenziert in der Anwendbarkeit der Verhältnismäßigkeitsgrundsätze und verlangt ihre schärfste Anwendung, wenn der Wesensgehalt in Frage steht. Er kennt aber keine Freiheitsvermutung auf Grund des Art. 2 I GG. — *Lerche* (Übermaß, FN 5, S. 148 f.) hält die Anwendung des Übermaßverbots im Bereich verfassungsmäßig zugelassener Inhaltsbestimmung der Grundrechte (Art. 14 I 2, Art. 12 I 2 und Art. 2 I GG) für unzulässig und die Zumutbarkeitsklausel des BVerfG für eine gefährliche Aufweichung des positiven Rechts (a.a.O., S. 296 mit Anm. 149 f.). Sie bekommt aber durch die Ausschaltung einer strengen Prüfung des Gesetzeszweckes (anders *Lerche*, a.a.O., S. 248) und durch die im folgenden Text dargelegte Verteilung der materiellen Beweislast die Bedeutung eines Notventils.

[145] Das verkennt *E. Hesse*, Bindung (FN 117), S. 108 f. Seine Kritik an der Behandlung ärztlicher Zwangsversorgungseinrichtungen durch das BVerfG ist dagegen — aus einem anderen Grund — berechtigt (vgl. oben bei FN 129 ff.). — Zu undifferenziert z. B. auch: *Erwin Stein*, Wandlung (FN 17), S. 525 f.

[146] Es handelt sich um eine Vermutung i. S. einer Entscheidungsregel für den Fall des „non liquet". (Vgl. *Peter Schneider*, In dubio, FN 31, S. 290). — Vgl. *meine* Staatsform (FN 53), S. 152 f. — Da es um eine unbestreitbar „legitime öffentliche Aufgabe" ging und die Antastung des Kernbereichs personaler Freiheit nach Ansicht des *BVerfG* nicht zur Diskussion stand, brauchte die Pflichtmitgliedschaft in der Bay. Ärzteversorgung nur im Interesse des Gemeinwohls „vertretbar" zu sein (mußte also nicht „notwendig" sein), um im „weiten Raum für freie Gestaltung" des Gesetzgebers zu

Bildlich gesehen kann sich der Bereich, in dem der Gesetzgeber zur eingrenzenden Inhaltsbestimmung der Freiheit befugt ist, ohne die Freiheitsvermutung des Art. 2 I GG überwinden zu müssen, zugleich außerhalb der Zone befinden, in der die rechtsethische Schrankentrias eine Begrenzung der Freiheit gebietet. Kommt es allerdings zur Kollision zwischen der Schrankentrias und dem Kernbereich personaler Freiheit, so ist eine Zwischenzone nicht mehr vorhanden. Der Bereich freier Gestaltung des Gesetzgebers ist zugleich ein Raum freier Gestaltung der Verwaltung, soweit er nicht durch Libertätsrechte ausgefüllt wird.

Das sieht bei den Spezialfreiheitsrechten anders aus. Das Spezialfreiheitsrecht ist auch dort verwaltungsfest, wo der Gesetzgeber noch keine weitere Konkretisierung vorgenommen hat. Die Verwaltung darf ohne gesetzliche Ermächtigung schon von Verfassungs wegen — auch außerhalb des Kernbereichs — z. B. nicht in die körperliche Bewegungsfreiheit (Art. 2 II 2 GG) oder in die Freiheit von finanziellen Belastungen (Art. 14 GG) eingreifen. Im Hinblick darauf, daß verwaltungsmäßige Beeinträchtigungen der speziellen Freiheitsrechte und der Libertätsrechte einer konstitutiven gesetzlichen Ermächtigung bedürfen, scheint mir das Eingriffs- und Schrankendenken des Grundgesetzes also durchaus berechtigt[147].

---

bleiben: *BVerfGE* 10, 354 (363, 371). Zur Kritik an der konkreten Entscheidung vgl. oben bei FN 129 ff. — *Nipperdey* (Entfaltung, FN 81, S. 808 f.) befürwortet bei der unmittelbaren Anwendung des Art. 2 I GG auf unbenannte Freiheiten eine Vermutung für die Verfassungsmäßigkeit sozialgestaltender Gesetze.
P. Schneider gibt a.a.O. zwar zu, daß im Zusammenhang mit dem Gleichheitssatz infolge der Beschränkung der richterlichen Prüfungszuständigkeit auf das Willkürverbot eine Vermutung für die Verfassungsmäßigkeit des Legislativaktes gelte (S. 283). Er meint aber, wenn ein Grundrecht des status negativus in Frage stehe, habe das *BVerfG* „nie nur geprüft, ob ein vernünftiger Grund für die Eingriffsnorm nicht vorliege" (S. 286). Vgl. dagegen auch FN 143. — Die in *BVerfGE* 2, 266 (282) ausgesprochene Vermutung für die Grundgesetzmäßigkeit eines Gesetzes sollte nach dem dort vorliegenden Sachverhalt mit *Schneider* (a.a.O., S. 286) sicher nur sagen: Der Gesetzgeber wollte im Zweifel ein verfassungsmäßiges Gesetz schaffen. Daß das *BVerfG* die fragliche Vermutung aber doch so allgemein als Grundsatz dargestellt hat, spricht für die hier vorgenommene Deutung der sonstigen Rspr. des *BVerfG*. — Vgl. *Wittig*, Bundesverfassungsgericht (FN 75), S. 584 mit Anm. 43 f., der den Anwendungsbereich dieses Grundsatzes allerdings nicht begrenzt (vgl. dagegen hier unten bei FN 150).

[147] Vgl. aber *Häberle*, Wesensgehaltgarantie (FN 6), z. B. S. 163 bis 167. Von einem Eingriff wird man in dem fraglichen Zusammenhang nur da nicht sprechen können, wo der Gesetzgeber das Freiheitsrecht gegen einen Rechtsmißbrauch abgrenzt, den sich auch die Verwaltung nicht entgegenhalten zu lassen braucht (vgl. unten bei FN 269 und 279). M. E. sollte man die Rechtfertigung einer Begrenzung und die Begrenzungsfunktion eines Gesetzes auseinanderhalten. Auch die befugte Begrenzung bleibt eine Begrenzung, wenn sie konstitutiv wirkt. Andernfalls wird weder beschränkt noch begrenzt, sondern lediglich abgegrenzt und in die Schranken verwiesen (vgl. die

§ 5 Die Vermutung für den Kernbereich personaler Freiheit   47

3. Die Vermutung für die Freiheit

Wo der Auslegungsgrundsatz des Art. 2 I GG eingreift, liegt eine entscheidende Zäsur. Aus der Gesamtsicht der Art. 1, 2, 12, 14, 15, 19 und 20 GG leitet das *Bundesverfassungsgericht* als „Menschenbild des Grundgesetzes" bekanntlich die im Rahmen des Zumutbaren gemeinschaftsbezogene und -gebundene Person ab. Ihr Eigenwert und ihre Eigenständigkeit werden für unantastbar erklärt[148]. Soweit die Gesetzgebung die „so verstandene Entfaltung" der Persönlichkeit hindert[148], wird ihr die grundsätzliche Freiheitsvermutung des Art. 2 Abs. 1 GG[149] entgegengehalten. Hier darf sich die Schrankentrias gegenüber dem Individualinteresse nur durchsetzen, wenn die Güterabwägung zwischen dem Eingriffszweck und der Freiheitseinbuße ergibt, daß der Schutz „besonders wichtiger Gemeinschaftsgüter" den Vorrang „zwingend erfordert"[150].

Diese Rechtsprechung paßt zu der hier vertretenen Ansicht. Art. 2 I GG bedeutet erst dann eine Substanzgarantie und einen Auslegungsgrundsatz zugunsten eines konkreten Freiheitsrechts, wenn der Kern der personalen Freiheit als soziale Erscheinung angetastet zu werden droht. Hierbei läßt sich die zu Art. 19 II GG entwickelte Formel verwenden, daß die Bedeutung eines konkreten Grundrechts (als rechtliches Institut zum Schutz der persönlichen Rechtsstellung der Bürger) „für das soziale Leben im Ganzen" im Falle einer Generalisierung der betreffenden Beeinträchtigung gewahrt bleiben muß[151].

Formulierungsbeispiele bei *Häberle*, a.a.O., S. 139). Die Ersetzung von „Beschränkung" durch „Begrenzung" (*Häberle*, a.a.O., S. 179) scheint mir keine Verdeutlichung der Immanenzlehre zu sein, die im übrigen weitgehend eine Rechtfertigungslehre ist.
Vgl. ganz allgemein zum Schrankendenken: *Lerche*, DÖV 1965, S. 213. — Die Reaktion gegen den polizeilichen Störer ist Beseitigung der Störungsfolgen. Der Eingriffscharakter dieser Beseitigungsakte verleiht aber der verfassungsunmittelbaren polizeirechtlichen Bindung der Freiheitsrechte keinen Eingriffscharakter. Sie hat daher keine „gemischte Struktur". So aber *Lerche*, Übermaß (FN 5), S. 121. — Vgl. auch unten bei FN 283 zum speziell verfassungsrechtlichen Aspekt.

[148] *BVerfGE* 4, 7 (15 f.). Die Entscheidung paßt in die Reihe der für die Freiheitskerntheorie sprechenden Entscheidungen in FN 103, 108. — Vgl. besonders *BVerfGE* 6, 32 (40): Eigenständigkeit, Selbstverantwortlichkeit und Würde des Menschen. — Schon *BVerfGE* 2, 237 (265 f.) zeigt die Zäsur an, die durch die „Wesensgehaltgrenze" des Art. 2 I GG für die Rechtsstellung des Bürgers gegenüber dem Gesetzgeber vollzogen ist.

[149] *BVerfGE* 6, 32 (42): Mit ihr wäre ein repressives Ausreiseverbot unvereinbar. — *BVerfG* DÖV 1970, 708 (709) bestätigt die Vermutung für den Kerngehalt der Freiheit in Form des Art. 4 III Satz 1 GG durch die Wendung, daß Art. 4 III GG nur „ausnahmsweise" aus zwingenden Gründen „zurückgedrängt" werden dürfe.

[150] So *BVerfGE* 7, 377 (405, vgl. 408 f.), wo es sachlich um den Kerngehalt der freien Berufswahl geht.

[151] *BVerfGE* 2, 266 (285). — Das entspricht der Formulierung in Art. 21 IV 2

Bei dieser Auslegung des Art. 2 I GG erübrigt sich die wegen seines Zusammenhanges mit Art. 19 I GG etwas gewaltsame Konstruktion[152], den Art. 19 II GG (nicht aber den Art. 19 I Satz 2 GG[153]) auf Art. 14 GG und Art. 2 I GG anzuwenden[154].

Würde man den Schutzzweck des Art. 2 I GG nicht in der hier vertretenen, seinem Wortlaut entsprechenden Weise begrenzen, enthielte er ein generelles Primat der individuellen Freiheit gegenüber den Interessen der Mitmenschen und der Gemeinschaft, eine unbeschränkte grundrechtliche „Freiheitsvermutung gegen die Rechtsetzung des Gesetzgebers". Mit Recht hat *Ehmke* sich unter Berufung u. a. auf *Hans Huber*[155] gegen einen allgemeinen Interpretationsgrundsatz „In dubio pro libertate" ausgesprochen[156]. In der dialektischen Einheit von Frei-

---

des Herrenchiemsee-Entwurfs, an den mit Art. 19 II angeknüpft worden ist: „Die Einschränkung eines Grundrechts oder die nähere Ausgestaltung durch Gesetz muß das Grundrecht als solches unangetastet lassen." (*v. Doemming* u. a., Entstehungsgeschichte, FN 91, S. 177.) — Vgl. *Häberle*, Wesensgehaltgarantie (FN 6), z. B. S. 45 f., 64 f., 116 ff. — Mit *Lerche* (Übermaß, FN 5, S. 238 ff.) ist zu betonen, daß keine Institutionalisierung des Grundrechtskerns gemeint ist, die zur „Entziehung des individuellen Grundrechtsgehalts" (S. 239) führen könnte.

[152] *H. Peters*, Recht (FN 4), S. 33 zu Art. 2 GG: „objektiv unrichtig".

[153] Zu Art. 2 I GG: BVerfGE 10, 89 (99); — *Dürig*, Grundgesetz (FN 3), Art. 2 I Rdnr. 30. — Zu Art. 14 GG: *Maunz*, Grundgesetz (FN 3), Art. 14 Rdnr. 22 b mit Lit. in Anm. 1.

[154] Vgl. oben bei FN 104 ff. und in FN 106. — Für die im Text abgelehnte Konstruktion sind betr. Art. 14 GG: *v. Mangoldt/Klein* (FN 8), Art. 19 Anm. V 1 b. — *Wernicke* (Bonner Kommentar, FN 30, Art. 19 Anm. II 2 b) befürwortet zu Art. 2 I und Art. 19 GG eine Analogie zu Art. 19 II GG.
Maunz (Deutsches Staatsrecht, 1969, § 22 II 2) spricht von einem vorstaatlichen Verfassungskern des Eigentums. — Die hier vertretene Auffassung wird durch BVerfGE 14, 263 (278) unterstützt: Die Inhalts- und Schrankenbestimmung werde durch „die grundlegende Wertentscheidung des Grundgesetzes zugunsten des Privateigentums im herkömmlichen Sinne", durch den Gleichheits- und den Freiheitssatz sowie durch die Rechts- und Sozialstaatlichkeit beschränkt. — Parallelfall: Gesetzlicher Ausgestaltung ist erst der „Kernbereich" der kommunalen Selbstverwaltung entzogen: BVerfGE 17, 172 (182).

[155] *Hans Huber* (Die Garantie der individuellen Verfassungsrechte, Verh. d. Schweiz. Juristenvereins, 1. Heft (1936), S. 118 a ff.: Es gebe keinen Widerspruch zwischen Recht und sog. „natürlicher" Freiheit, da es Freiheit nur im Recht geben könne. Das Prinzip „In dubio pro libertate" sei „ein Kunststück einer politisch angehauchten Theorie" (S. 119 a).

[156] *Ehmke*, Prinzipien (FN 102), S. 85 bis 87. — Ebenso *Scheuner*, Pressefreiheit (FN 67), S. 37 ff. — Vgl. *Häberle*, Wesensgehaltgarantie (FN 6), S. 40: Freiheitsanspruch und Gemeinschaftsschutz „gleichermaßen legitime Forderungen". — *Uber* (Freiheit, FN 33, S. 27 f.) leitet seine Freiheitsvermutung aus dem in Art. 1 I GG positivierten Naturrecht ab und läßt sie offenbar auch erst zugunsten des Wesensgehalts eines Grundrechts eingreifen(S. 30). — *Wintrichs* (Auslegung, FN 108, S. 6 f.) Äußerung enthält die deutliche Bezugnahme auf eine werterfüllte Freiheit: „Aus dem engen Zusammenhang zwischen Art. 1 Abs. 1 und Art. 2 Abs. 1 GG ergibt sich als Richtlinie für die Deutung des Art. 2 Abs. 1 GG, daß bei der Abwägung des Spannungsver-

§ 5 Die Vermutung für den Kernbereich personaler Freiheit

heit und Ordnung gelte mit A. *Keller* „im ‚Zweifel'... weder die freiheitlichere noch die unfreiheitlichere, sondern nur die richtige Regelung"[157].

Darin äußert sich die grundlegende Aufgabe jeder Rechtsordnung, die Freiheit des einzelnen zugunsten der gleichen Freiheit aller anderen und zugunsten derjenigen Gemeinschaftsbelange einzugrenzen, die die Freiheit des einzelnen überhaupt erst ermöglichen (rechtliche Sicherheit) und sinnvoll machen (soziale Sicherheit)[158]. Deshalb enthält das Grundgesetz den unbegrenzten Gesetzesvorbehalt für die Einschränkung so überragend bedeutsamer Freiheitsrechte wie der Rechte auf Leben und körperliche Unversehrtheit sowie auf körperliche Bewegungsfreiheit (Art. 2 II GG). Angesichts dieser Verfassungsentscheidung müßte eine Freiheitsvermutung gegen die Gemeinschaftsbelange (einschließlich der Rechte anderer) ungereimt erscheinen[159], soweit es nicht um den Kern personaler Freiheit geht, der auch im Rahmen des Art. 2 II GG durch die Wesensgehaltgarantie des Art. 19 II GG ausdrücklich geschützt ist. Für das grundsätzliche Übergewicht des Freiheitskern-Schutzes ergibt sich wie gesagt aus der Stellung des Art. 2 I GG im Grundrechtssystem und aus der Gesetzestechnik des Soweit-Satzes mit Recht eine Vermutung[160].

Diese Vermutung steht im Dienst der Substanzgarantie des Art. 2 I GG. Zur richtigen Regelung im Sinne A. *Kellers* gehört eben im materialen Rechtsstaat das zur ausnahmsweise zurücktretende, in seiner Substanz aber unüberwindbare Verbot, den Kerngehalt personaler Freiheit anzutasten. Andernfalls würden unerträgliche Freiheitsbeschränkungen zugelassen.

---

hältnisses zwischen Persönlichkeitsentfaltung und Gemeinschaftserfordernissen im Zweifel der Freiheit zu eigener Initiative und zu selbstverantwortlichem Handeln der Vorzug gebührt. Das ist der Sinn der Freiheitsvermutung: in dubio pro libertate. Damit erfährt der Ermessensspielraum des Gesetzgebers eine inhaltliche Begrenzung." — a. A. *Peter Schneider*, In dubio (FN 31), S. 263 ff., bes. S. 286 ff.; vgl. hier oben in FN 146.
[157] A. *Keller*, Die Kritik, Korrektur und Interpretation des Gesetzeswortlauts, Diss. Zürich 1960, S. 279.
[158] Vgl. oben in und bei FN 45, 49, 55, 58.
[159] *Bettermann* (Grenzen, FN 45, S. 8) führt Art. 2 II 3 GG als Indiz für „Verfassungsvorbehalte" gegenüber denjenigen Grundrechten an, bei denen keine ausdrücklichen Vorbehalte für den Gesetzgeber vorhanden sind. (Art. 5 III und 8 I GG; Art. 4 GG ist bereits durch Art. 140 GG mit 136 I WV begrenzt).
[160] Insoweit kann *Dürigs* „Ausgangsvermutung für die Freiheit" (Grundgesetz, FN 3, Art. 2 I Rdnr. 72) zugestimmt werden. — a. A.: *Wertenbruch*, Grundrechtsbegriff (FN 81), S. 486 unter IV, 2.

4. Der rechtliche Standort der Libertätsrechte

Ist es der Sinn des Art. 2 I GG, dem rechtsethischen Freiheitsprinzip zum Durchbruch zu verhelfen, dann muß er über seine Bedeutung als Auslegungsregel hinaus auch als Verweisung auf konkretisierbare rechtsethische Freiheitsforderungen verstanden werden, die im Katalog der speziellen Grundrechte nicht ausreichend positiviert sind. Das ist der Grundgedanke der Persönlichkeitskerntheorie von *Hans Peters*: Nicht eine ethisch neutrale allgemeine Handlungsfreiheit, sondern nur eine Position mit ethischem Wertgehalt kann die erforderliche Kraft entfalten, sich eines uferlosen allgemeinen Vorbehalts verfassungsmäßiger Gesetze zu erwehren[161].

Trifft das rechtsethische Freiheitsprinzip mit konkreten Anschauungen über sozialadäquate Lebensverhältnisse zusammen, die als unabdingbarer Bestandteil der persönlichen Rechtsstellung des Bürgers anzusehen sind[162], so erlaubt Art. 2 I GG eine entsprechende Lückenfüllung im Kernbereich personaler Freiheit[163]. Zur Unterscheidung von den benannten Freiheitsrechten des Grundgesetzes könnte man daran denken, die aus dem Freiheitsprinzip abgeleiteten personalen Freiheitsrechte als „Libertätsrechte" zu bezeichnen. Dadurch würde die Anknüpfung an das überpositive, abendländische Prinzip der libertas, liberty und liberalité unterstrichen[164]. Das Vorhandensein eines Libertätsrechts verschafft die persönliche Rechtsstellung, bei deren Verletzung der Bürger einen Rechtsanspruch auf die Gesetzmäßigkeit der Verwaltung und die Verfassungsmäßigkeit des Gesetzes geltend machen kann[165]. Die Antastung des Kernbereichs eines Libertätsrechtes läßt

---

[161] Vgl. *Peters*, Recht (FN 4), S. 8, 49 Abs. 2, 50 unter a, 73. — Hier wird zwar die Bedeutung der Schrankentrias reduziert, dem Gesetzgeber aber — außerhalb des Kernbereichs der Libertätsrechte — im Rahmen des Art. 20 III GG Gestaltungsfreiheit zugesprochen (vgl. hier oben § 5, 2 sowie unten §§ 7 und 8).

[162] Die Rechtsethik ist wie das Gewohnheitsrecht ein Inhalt des allgemeinen Rechtsbewußtseins und damit des objektiven Geistes. Vgl. zur gegenseitigen Bedingtheit des Gemeingeistes und des personalen Geistes der Kennerschaft, die den Gemeingeist in einem Prozeß der geistigen Läuterung repräsentiert: *meine* Staatsform (FN 53), § 6, und *Coke*, hier unten in FN 304.

[163] Vgl. dazu unten § 7.

[164] Der von *Wehrhahn* im Anschluß an die Wendung „unbenannte Freiheiten" geprägte Ausdruck „Innominatrechte" geht vom negativen Aspekt aus, daß diese Rechte im Grundgesetz nicht ausdrücklich genannt sind, und paßt daher im Grunde so recht in das Konzept Wehrhahns, die Funktion des Freiheitssatzes als Ergänzungsprinzip *abzulehnen!* (Vgl. Wehrhahn, Vorfragen, FN 81, S. 253, 272.) Es ist daher kein Wunder, daß die Übernahme dieses Ausdrucks durch *Nipperdey* (Entfaltung, FN 81, z. B. S. 765) keinen Anklang gefunden hat.

[165] Daß die behauptete Verletzung eines Libertäts- oder speziellen Freiheitsrechts im Beschwerdeverfahren Zulässigkeitsvoraussetzung einer Prü-

ein subjektives öffentliches Abwehrrecht entstehen, das die Überprüfung des Gesetzgebers auf Einhaltung der Schrankentrias auslöst.

In § 7 werden wir uns eingehend mit dem Problem der Libertätsrechte befassen.

§ 6 Weitere Argumente für den Charakter des Freiheitssatzes als Rechtsprinzip

1. Die Gegenpositionen von Klein und Dürig

Merkwürdigerweise wird die doppelte Wirkung des Art. 2 I GG als eines *Rechtsprinzips* zur Auslegung *und* Ergänzung des Rechts von den beiden sich bekämpfenden Theorien nicht anerkannt. *Friedrich Klein* verschließt sich diesen Weg, weil er Art. 2 I GG nur die Bedeutung eines „Freiheitsleitsatzes" und damit einer Auslegungsregel zugesteht, nicht dagegen das Schwergewicht einer „Grundsatznorm", aus der Libertätsrechte abgeleitet werden können. Er meint nämlich, dafür fehle dem Freiheitsprinzip die „selbständige Bestimmtheit"[166]. Er mißt aber dem Verfassungsprinzip des Schutzes der Menschenwürde die hinreichende Bestimmtheit einer Grundsatznorm bei[167] und unterscheidet innerhalb der Grundsatznormen konkretere Bestimmungen, aus denen subjektive Rechte fließen können[168]. Sieht man Art. 2 I GG als Ausformung des Art. 1 I GG an, so läge also auch für Klein nahe, Freiheit und Gleichheit in Verbindung mit Art. 1 I GG als „Grundentscheidungen" „am Beginn unserer Verfassung" zu werten[169].

Diese Ansicht *Dürigs* leuchtet um so mehr ein, als er der systematischen Voranstellung des Freiheitsprinzips und seiner Formulierung die Entscheidung für die Gleichheit der Entfaltungsmöglichkeit und gegen

---

fung der Verfassungsmäßigkeit des fraglichen Gesetzes ist, hat W. *Schmidt* klar herausgearbeitet (Freiheit, FN 4, S. 67, 72, 81). Er hätte noch deutlicher aussprechen können, daß der Prüfung der formellen Verfassungsmäßigkeit die Feststellung vorausgehen muß, ob das Grundrecht tatsächlich von der angegriffenen Regelung betroffen wird (Aktivlegitimation!). Vgl. a.a.O., S. 67.

166 *v. Mangoldt/Klein*, Grundgesetz (FN 8), Art. 2 Anm. III 5 b, S. 168 f. Das beruht auf *Kleins* Vorstellung, die Nichtigkeit eines Gesetzes, das einer Grundsatznorm der Verfassung wie Art. 1 I GG oder Art. 3 I GG widerspreche, beruhe unmittelbar auf der Grundsatznorm (vgl. dazu auch a.a.O., Vorbemerkung A II 4 e, S. 66 ff.). Gerade diese Beispiele zeigen aber, daß das Rechtsprinzip zu seiner Anwendung stets einer rechtsschöpferischen Konkretisierung bedarf. — Gegen die Ergänzungsfunktion des Freiheitsprinzips auch: *Wehrhahn* (Vorfragen, FN 81, z. B. S. 258, 262, 270, 272), vor allem wegen der Abgrenzungsschwierigkeiten, auch im Hinblick auf die Deutschenrechte und das Schrankenproblem.

167 *Klein*, a.a.O., S. 167.
168 *Klein*, a.a.O., S. 69.
169 *Dürig*, Grundgesetz (FN 3), Art. 2 I Rdnr. 72 und 2.

eine „nivellierende Zustandsgleichheit" entnimmt[170]. Die Zusammenhänge mit der demokratischen Tradition und die Frontstellung gegen den Vorrang der Gleichheit vor der Freiheit in *Jeffersons* Unabhängigkeitserklärung und in Art. 2 der französischen Menschen- und Bürgerrechte von 1793[171] lassen keinen Zweifel daran, welche grundlegende Bedeutung das Grundgesetz dem Freiheitsprinzip zuschreibt. Es schützt das Individuum davor, der sozialen Gerechtigkeit geopfert zu werden[172], während sich die Gleichheit eben im Einzelfall auch im Sinne eines Gemeinwohls ins Feld führen läßt, das dem Gesamtinteresse auf Kosten des Individualinteresses den Vorrang einräumt.

Dürig beeinträchtigt nun aber wieder die Bedeutung des Art. 2 I GG als Rechtsprinzip, weil er glaubt, dem Art. 2 I GG zugleich die Eigenschaft eines Grundrechts i. S. einer persönlichen Rechtsstellung (eines subjektiven öffentlichen Rechts, wie er sagt) zukommen lassen zu müssen[173]. Da ihm dafür ein „subjektives Recht" auf Gesetzmäßigkeit staatlicher Eingriffe in die Freiheit[174] offenbar noch zu wenig ist, nennt er Art. 2 I GG auch in seiner Funktion als „Hauptfreiheitsrecht" oder „Auffangrecht" ein Grundrecht[175].

Die praktischen Konsequenzen, die *Dürig* und die herrschende Meinung aus der Natur des Art. 2 I GG als Auffangnorm[176] ziehen, sind systematisch allerdings nur mit der Qualität des Art. 2 I GG als Verfassungsprinzip zu rechtfertigen. Schon die Bezeichnung „Auffangrecht" sagt alles. Sie umschreibt das Wesen einer abstrakten Norm und ist sprachlogisch etwas anderes als eine persönliche Rechtsstellung, nämlich die Quelle einer solchen Rechtsposition[177]. Dementsprechend ist

---

[170] *Dürig*, a.a.O., Rdnr. 2.
[171] Vgl. *meine* Staatsform (FN 53), S. 127 f.
[172] Vgl. das Investitionshilfeurteil *BVerfGE* 4, 7 (15 f.) zum Menschenbild des Grundgesetzes: Gemeinschaftsgebundenheit ohne Antastung des Eigenwertes der Person.
[173] *Dürig*, Grundgesetz (FN 3), Art. 2 I Rdnr. 5.
[174] *Dürig*, a.a.O., Art. 2 I Rdnr. 26; — vgl. oben bei FN 76.
[175] *Dürig*, a.a.O., Art. 2 I Rdnr. 6 und 8. — Auch *H. C. Nipperdey* (Entfaltung, FN 81, S. 741 ff.) tritt für die Grundrechtsqualität des Art. 2 I GG ein (S. 757) und spricht vom „Auffangrecht" (S. 761). Er bezieht sich dabei auf Dürigs Argumente, die hier oben bei FN 76 und 80 behandelt sind.
[176] Diese h. M. bestätigt *Walter Schmidt*, Freiheit (FN 4), S. 77.
[177] *Wertenbruch*, Grundrechtsbegriff (FN 81), S. 486: Art. 2 I GG ist objektive Verfassungsnorm, auf deren Basis weitere Grundrechte durch Ableitung zu entwickeln sind; — *Walter Schmidt*, Freiheit (FN 4), S. 83 mit z. B. S. 47 und 78: Art. 2 I GG wird erst in Verbindung mit einem zu seiner Ausfüllung entwickelten, bisher im GG nicht genannten Freiheitsrecht zum materiellen Grundrecht. — Auch *Hans Heinrich Rupp* (Urteil, FN 2, S. 2038 f.) erkennt die Notwendigkeit an, an Stelle eines „räumlichen Individualreservates" im Rahmen des Art. 2 I GG bestimmte Freiheitsrechte zu entwickeln. Er spricht aber trotzdem von der „Grundrechtsqualität" des Art. 2 I GG.

von den aus dem Auffangrecht „abgeleiteten Grundrechten"[178] die Rede. Auch die Eigenschaft, grundsätzlich dem Katalog der „benannten" Freiheitsrechte gegenüber subsidiär zu sein und nur zu einer den Umständen des Einzelfalles entsprechenden Lückenfüllung bestimmt zu sein, charakterisiert die Entfaltungsfreiheit als ein (nicht unmittelbar anwendbares) Rechtsprinzip der Verfassung. Deutlicher als mit der Formel, Art. 2 I GG stehe bereit, die Verletzung (bisher) „unbenannter Freiheiten"[179] abzuwehren, läßt sich die Unbestimmtheit des Art. 2 I GG im Hinblick auf die Anforderungen an eine verletzbare persönliche Rechtsstellung kaum ausdrücken. Indirekt gibt Dürig selbst zu, daß Art. 2 I GG als Freiheitsprinzip eine Generalklausel enthält, indem er mit Recht feststellt: Es erscheint folgerichtig, daß „dem generellen subjektiven Freiheitsrecht des Art. 2 I ... auch auf der Bindungsseite ... nur eine Generalklausel entsprechen konnte"[180].

2. Der gleiche Rechtscharakter des Art. 3 I GG

Ein bisher noch nicht erkanntes Argument für den Charakter des Art. 2 I GG als rechtsethisches Verfassungsprinzip ohne Grundrechtsqualität ist der gleiche Charakter des allgemeinen Gleichheitssatzes[181]. Die gegenteilige Ansicht der herrschenden Meinung[182], daß der allgemeine Gleichheitssatz eine persönliche Rechtsstellung (gewöhnlich

---

[178] *H. C. Nipperdey*, Entfaltung (FN 81), S. 761.
[179] *Dürig*, Grundgesetz (FN 3), Art. 2 I Rdnr. 3; — *H. C. Nipperdey*, Entfaltung (FN 81), S. 761.
[180] *Dürig*, a.a.O., Art. 2 I Rdnr. 17 unter b. — Vgl. *v. Mangoldt*, hier oben bei FN 91. — Weitere Nachweise für die Bezeichnung als Generalklausel bei *v. Mangoldt/Klein* (FN 8), S. 163.
[181] *G. Jellinek* (System, FN 15, S. 97) hat die Rechtsgleichheit als ein „Prinzip" bezeichnet, das ohne „konkrete Ausgestaltung durch den Gesetzgeber" keine individuellen Rechtsansprüche an Gericht und Verwaltung zur Folge habe. — *Wittig*, Bundesverfassungsgericht (FN 75), S. 588: Art. 3 I GG ist keine die Prüfungszuständigkeit des Bundesverfassungsgerichts begründende „Sachbereichsnorm". — So im Grunde auch *Fuss* (Gleichheitssatz und Richtermacht, JZ 1959, S. 329 ff.), obwohl er von einem „Anspruch" auf Anwendung eines allgemeinen Rechtsprinzips sprechen zu müssen glaubt (S. 329). — Ihm folgt *P. Schneider* (In dubio, FN 31, S. 286) mit der grundsätzlichen Unterscheidung von Gleichheitssatz und Grundrecht des status negativus. — *Lerche* (Übermaß, FN 5, S. 320) hat Zweifel an der Subjektivierung des Gleichheitssatzes und lehnt die Subjektivierung der Grundsätze der Verhältnismäßigkeit strikt ab (S. 318 ff.).
[182] *Ipsen*, Gleichheit, in: Neumann/Nipperdey/Scheuner (Hrsg.), Die Grundrechte, II. Bd. (1954), S. 111 ff. (126): Der von einer Verletzung des Gleichheitssatzes Betroffene habe ein subjektives öffentliches Recht auf dessen Beachtung, ohne sich zugleich auf ein anderes Grundrecht berufen zu müssen; — *v. Mangoldt/Klein*, Grundgesetz (FN 8), Art. 3 Anm. II 5 mit Nachw.; — *Schmidt-Bleibtreu*, BVerfGG (FN 86), § 90, Rdnr. 57 mit Anm. 5. Rdnr. 96 Abs. 3; — *Leibholz/Rupprecht*, Bundesverfassungsgerichtsgesetz (1968), § 90 Rdnr. 2 und 65 Abs. 4. — *W. Schmidt*, Freiheit (FN 4), S. 82.

„subjektives Recht" genannt) verleihe, geht bereits auf *Leibholz* zurück. Er hat der begrifflichen Unklarheit dadurch Vorschub geleistet, daß er zu Art. 109 I WV erklärte, für die rechtliche Durchsetzung des Gleichheitssatzes sei es nicht von großem Belange, ob man den Gleichheitssatz als ein subjektives öffentliches Recht oder nur als objektives Recht konstruiere[183].

Seinen Entschluß für das subjektive Recht verteidigt er mit der mißverständlichen These, der Gleichheitssatz sei nicht zu unbestimmt. „Denn erforderlich ist eine inhaltliche Konkretisierung des Rechtes zum Zeitpunkt seiner Geltendmachung: diese erst setzt eine Rechtsverletzung voraus[184]." Erst von diesem Zeitpunkt an könne von einem Recht auf Gleichbehandlung gesprochen werden, dann aber auch überall, wo Raum für legislative Einwirkungen auf eine „individuelle Lebensäußerung" geschaffen sei.

Hier klingt die erforderliche Unterscheidung zwischen der persönlichen Rechtsstellung und dem subjektiven Recht aus ihrer Verletzung an (vgl. § 2, 1). Vor allem weisen diese Ausführungen aber darauf hin, daß es kein abstraktes subjektives Recht auf Gleichbehandlung gibt und daß die Konkretisierung an den Eingriff in eine individuelle Lebensäußerung gebunden ist. Eine Lebensäußerung kann aber rechtlich nur geschützt sein, wenn das Recht sie der geschützten Rechtssphäre der Person zuordnet. Die Verletzung des Gleichheitssatzes kann also nur geltend machen, wer durch eine Ungleichbehandlung in einer persönlichen Rechtsstellung beeinträchtigt wird[185].

---

[183] *Leibholz*, Die Gleichheit vor dem Gesetz (1925), 2. Aufl. 1959, S. 115.

[184] *Leibholz*, a.a.O., S. 118.

[185] Das wird im Hinblick auf ein dem angeblichen „subjektiven Recht auf Gleichbehandlung" ähnliches *formelles* subjektives Recht auf fehlerfreien Ermessensgebrauch" überwiegend anerkannt. (a. A. *Dürig*, Grundgesetz, FN 3, Art. 19 IV Rdnr. 36, der sich zu Unrecht auf Bachof und H. J. Wolff und auf eine Parallele zu Art. 2 I GG beruft. Vgl. dazu unten FN 245). Nach unserer Terminologie handelt es sich um einen Anspruch auf Beseitigung eines Ermessensfehlers, der im Einzelfall (Ermessensspielraum gleich Null) in einen Vornahmeanspruch umschlagen kann. Die Möglichkeit einer solchen „Verdichtung" der zu Grunde liegenden Berechtigung (vgl. *H. J. Wolff*, Verwaltungsrecht I 1968, § 43 II b) beweist einmal mehr, daß es dabei um eine materiellrechtliche, persönliche Rechtsstellung geht.
  a) Allerdings ist oft ungenau (vgl. oben nach FN 19 ff.) davon die Rede, der fragliche Anspruch stehe bereits jedem zu, dessen Individualinteresse (mindestens *auch*) durch die Ermessensnorm geschützt werden solle: *Bachof*, Reflexwirkungen (FN 21), S. 295 ff.; — *ders.*, Die verwaltungsgerichtliche Klage auf Vornahme einer Amtshandlung, 1951, S. 68 ff.; — *ders.*, JZ 1957, 434; — *Forsthoff*, Lehrbuch (FN 23), § 10, 3 S. 181 f.; — *Eyermann/Fröhler*, Verwaltungsgerichtsordnung, 1965, § 114 Rdnr. 8; — *W. Martens*, JuS 1962, S. 248 bei Anm. 45. — *BVerfG* DÖV 1970, 237 ff., wo aber zugleich von einer „geschützten Rechtsposition" die Rede ist.
  b) Richtig formulieren *Ule*, Verwaltungsgerichtsbarkeit, 1962, § 114 I a. E. und *BayVGH*, BayVBl. 1965, 243 (244): „Rechtssphäre" des Klägers muß be-

§ 6 Weitere Argumente

Diese Ansicht wird durch die Rechtsprechung des *Bundesverfassungsgerichts* bestätigt. Danach muß der Beschwerdeführer auch dann, wenn er sich auf Art. 3 GG beruft, „selbst, gegenwärtig und unmittelbar"[186] betroffen sein, d. h. „nicht nur mittelbar, faktisch, sondern unmittelbar, *rechtlich*"[187]. Das ist nicht der Fall, wenn der Beschwerdeführer nur von Reflexwirkungen der angegriffenen Norm berührt wird[188]. „Seine Rechtsstellung" muß vielmehr unmittelbar berührt sein[189], weil eine Popularklage nicht vorgesehen ist[190].

---

troffen sein; — ganz exakt *WürttBadVGH* VwRspr. 5, 378 (382 f.) und 9, 694 (697): wenn Rechtsordnung Rechtsschutzanspruch bzw. „Rügerecht" verliehen hat. Vgl. *BVerwGE* 2, 290 (293) und 19, 252 (254).

— Kein Sonderfall ist die persönliche Rechtsstellung des an einem Verfahren Beteiligten. So aber: *R. Naumann*, AöR 77 (1951/2) S. 94 f.; — *BayVGH* VwRspr. 6, 41 (46); — ihnen folgend *Forsthoff*, a.a.O., der zu Unrecht meint, in diesem Rahmen brauche die Ermessensnorm nicht im Interesse der Betroffenen (Beteiligten) ergangen zu sein. Der BayVGH grenzt das Beteiligtsein aber a.a.O. mit Recht an Hand des objektiven Rechts ab! (So auch *BayVGH* BayVBl. 1965 S. 244 und *H. J. Wolff*, Verwaltungsrecht I, 1968, § 43 II b, der eine Berechtigung in Form einer Destination voraussetzt.) *Naumanns* Beispiel der Konkurrenz zweier materiell nicht Berechtigter bedeutet dagegen die Zulassung der Popularklage.

c) Das Gebot einer einwandfreien Ermessensausübung ist also ein Satz des objektiven Rechts. Ein generelles subjektives Recht auf fehlerfreie Ermessensanwendung ist eine „unmögliche Konstruktion" (*Nebinger*, Verwaltungsrecht, Allg. Teil, 1949, S. 227; *WürttBadVGH* VwRspr. 5, 378 S. 383). Sie betrifft den Spezialfall eines ebenso abzulehnenden allgemeinen Gesetzesvollziehungsanspruchs. (So auch *E. R. Huber*, Wirtschaftsverwaltungsrecht 1954, 2. Bd., S. 658 f.) Erst bei Verletzung einer persönlichen Rechtsstellung ergibt sich der ihr entsprechende Gesetzesvollziehungsanspruch. Die Rechtsstellung kann sich auf ein objektives Recht auf einwandfreie Ermessensausübung beschränken. Vgl. oben bei und nach FN 25 (Destination).

Es gibt auch kein allgemeines „subjektiv-öffentliches Recht des Bürgers ..., daß die Behörden zuständigkeitsgemäß handeln". (So aber *HessStGH* DVBl. 1970, 217 S. 218.) Der Hinweis des HessStGH auf *Forsthoff* (Lehrbuch, FN 23, § 22 S. 410) zeigt den Kurzschluß vom objektiven auf das subjektive Recht. Das Handeln einer unzuständigen Behörde als solches verschafft keine Aktivlegitimation für einen klagbaren Anspruch. Als Verstoß gegen objektives Recht wird es für den einzelnen erst dann relevant, wenn zugleich in eine Rechtsposition seiner persönlichen Rechtssphäre eingegriffen wird.

[186] *BVerfGE* 1, 97 (101); 6, 273 (277); 17, 319 (329). In allen Fällen war zumindest auch eine Verletzung des Art. 3 GG gerügt.

[187] *BVerfGE* 15, 256 (262 f.), Hervorhebung vom Verf. — Vgl. *BVerfGE* 15, 283 (286); 17, 356 (360). Diese Entscheidungen sind zu anderen Grundrechtsartikeln als Art. 3 GG ergangen.

[188] So *BVerfGE* 6, 273 (278) zur Berufung auf Art. 3 und 21 GG. — Vgl. zu Art. 2 I GG: *BVerfGE* 13, 230 (233).

[189] *BVerfGE* 8, 222 S. 225 betr. Art. 3, 12 und 14 GG. — *Schmidt-Bleibtreu* (Bundesverfassungsgerichtsgesetz, FN 86, § 90 Rdnr. 57 und 96) prüft in diesem Zusammenhang, ob ein „subjektives Recht" des Beschwerdeführers aus Art. 3 I GG verletzt sei, etwa bei Verwaltungsakten mit Drittwirkung.

[190] *BVerfGE* 1, 91 S. 96 (betr. Art. 3 GG); 1, 97 S. 102 (betr. Art. 1, 2 II, 3 und 6 GG); 13, 1 S. 9 (betr. Art. 3, 21 und 28 GG).

Auch mit der reichlich unklaren Formulierung, „wegen seiner besonderen Beziehung zum Sachverhalt" könne jemand durch den gegen einen anderen gerichteten Akt der öffentlichen Gewalt „betroffen" werden und deshalb zur Verfassungsbeschwerde legitimiert sein, ist in BVerfGE 16, 25 (27) nichts anderes gemeint. Das beweisen die Anführung der Entscheidungen BVerfGE 15, 256 (262) und 15, 283 (286) sowie der Ausspruch, „wirtschaftliche Wirkungen" der die Konkurrenz begünstigenden Steuerbescheide, „die das Problem der Wahrung des Gleichheitssatzes ... aufwerfen mögen", genügten als Voraussetzung des Beschwerderechts nicht[191].

Das heißt aber doch: Die mögliche Verletzung des Gleichheitssatzes macht die Verfassungsbeschwerde nur dann zulässig, wenn *außerdem* und begrifflich vorher eine persönliche Rechtsstellung des Beschwerdeführers betroffen sein kann, im Rahmen des § 90 BVerfGG also ein Grundrecht, dessen Verletzung ein subjektives Abwehrrecht erzeugt. Wäre das nicht so, würde man z. B. zum Schutze der Teilnahme am schlichten Gemeingebrauch nicht außer Art. 3 auch noch Art. 2 GG bemühen[192], der ja als Auffangnorm hinter Art. 3 GG zurückzutreten hätte, wenn Art. 3 GG eine persönliche Rechtsstellung verliehe. In der gleichen Linie liegt es, wenn bei der möglichen ungleichen Steuerbegünstigung Dritter auf die Beeinträchtigung der Wettbewerbsfähigkeit eines Gewerbetreibenden[193] oder auf die Verletzung der Chancengleichheit einer Partei[194] abgestellt wird.

Dafür, daß der allgemeine Gleichheitssatz des Art. 3 I GG ein Verfassungsprinzip bedeutet, spricht seine Natur als „überpositiver"[195], „ungeschriebener"[196] Verfassungsgrundsatz und als eines „der tragenden Konstitutionsprinzipien der freiheitlich-demokratischen Verfassung"[197]. Je höher der Rang der damit in Bezug genommenen ethischen Norm ist, desto abstrakter muß ihr Inhalt sein. Wenn Art. 3 I GG als Willkürverbot zu den „konstituierenden Grundsätzen des Rechts"[198] gehört und ein „Element des objektiven Gerechtigkeitsprinzips und

---

[191] Andererseits bedeutet die Beeinträchtigung der Wettbewerbsfähigkeit eine Rechtsverletzung: vgl. unten bei FN 193.
[192] Vgl. BVerwGE 30, 235 (238) und 32, 222 (225).
[193] BVerfGE 18, 1 (12 ff.): Steuerbegünstigung durch Gesetz; — *Rolf Lenzen*, Die verfassungsrechtlichen Grundlagen für die Vergabe von Subventionen..., jur. Diss. Köln 1965, S. 103.
[194] BVerfGE 6, 273 (280, 274): Die fragliche Steuerverordnung verletzt das sich aus Art. 3 I GG in Verbindung mit Art. 21 I GG ergebende Grundrecht auf Chancengleichheit der Parteien.
[195] BVerfGE 1, 208 (233, 243).
[196] BVerfGE 6, 84 (91).
[197] BVerfGE 6, 257 (265).
[198] BVerfGE 23, 98 (106 f.).

§ 6 Weitere Argumente

damit des das Grundgesetz beherrschenden Grundsatzes der Rechtsstaatlichkeit"[199] ist, dann handelt es sich um ein ethisches Rechtsprinzip par excellence, das einer Konkretisierung an Hand einer persönlichen Rechtsstellung bedarf, um einen personalen Bezug zu erhalten. Es ist auch kein Fall ersichtlich, in dem im Verfahren der Verfassungsbeschwerde andere Folgerungen gezogen worden wären[200].

Geht es also beim Schutz der Menschenwürde, bei der allgemeinen Gleichheit sowie bei der Freiheit des Art. 2 I GG um „Grundentscheidungen"[201] und gewähren die beiden erstgenannten Verfassungssätze sicherlich keine persönliche Rechtsstellung, so wäre es systematisch unverständlich, wenn der von ihnen eingerahmte allgemeine Freiheitssatz etwas anderes bedeuten sollte[202]. Das entspricht der naturrechtlichen Zusammengehörigkeit der ethisch-politischen Postulate von Freiheit, Gleichheit und Brüderlichkeit[203].

---

[199] BVerfGE 23, 353 (373). — Dürig (Grundgesetz, FN 3, Art. 19 III Rdnr. 32 unter b) bestätigt, daß Art. 3 I als Identifikation mit dem Prinzip der Gerechtigkeit kein „subjektives Grundrecht" sei. — In der Tat gelten ja die Gebote, Gleiches gleich zu behandeln, sachliche Maßstäbe konsequent anzuwenden und Willkür zu unterlassen als Grundlagen der Gerechtigkeit: Vgl. *Heinrich Henkel*, Einführung in die Rechtsphilosophie, 1964, § 27 III und IV, S. 308 ff.

[200] Das gilt auch für das Steuerrecht: In BVerfGE 9, 3 (9, 11) wird zwar zunächst die Verletzung des Art. 3 GG geprüft, es folgt aber sogleich die Zuerkennung einer persönlichen Rechtsstellung der Beschwerdeführer aus Art. 2 I GG. BVerfGE 13, 331 (338, 355) spricht ausschließlich von Art. 3 I GG, konnte aber das Betroffensein der Handlungsfreiheit nach BVerfGE 9, 3 (11) voraussetzen. — In BVerfGE 12, 341 (347 f.) wird Art. 3 GG korrekt erst *nach* Zuerkennung eines Libertätsrechts aus Art. 2 I GG geprüft.

[201] *Dürig* wie FN 169.

[202] Daß dem allgemeinen Freiheitssatz wegen der thematischen Zugehörigkeit das spezielle Freiheitsrecht des Art. 2 II GG folgt, ändert an dieser Beurteilung nichts.

[203] Vgl. z. B. unten bei FN 345, 357.

Zweiter Teil

Konsequenzen der Freiheitskerntheorie

Nach der Vermutung für den Schutz des rechtsethischen Freiheitskerns sind noch zwei dogmatisch interessante Aspekte der hier vertretenen Auslegung des Art. 2 I GG zu behandeln:
1. die Inhaltsbestimmung der Libertätsrechte durch den Gesetzgeber und
2. die Bedeutung der Schrankentrias für die Libertätsrechte und für die speziellen Freiheitsrechte.

§ 7 Inhalt und Schranken der Libertätsrechte

1. Die gegenseitige Durchdringung von Verfassungs- und Gesetzesrecht

Wir haben in Art. 2 I GG ein rechtsethisches Freiheitsprinzip erkannt, das über Art. 1 III und 20 III GG alle staatliche Gewalt zur Ergänzung der Gesetzgebungsschranken ermächtigt, ja verpflichtet[204]. Trotzdem steht die Weiterentwicklung der Verfassung in einer Demokratie in erster Linie dem Gesetzgeber zu[205], da die vollziehende Gewalt und die Rechtsprechung ihrerseits zwar auch direkt an das überpositive Recht[206], im Interesse der demokratischen Kontrolle und der Rechtssicherheit aber zunächst an das Gesetz gebunden sind (Art. 20 III GG). Ebenso wie der Gesetzgeber dazu berufen ist, Inhalt und Schranken des Eigentums (Art. 14 I 2 GG) zu bestimmen, ist er befugt, über

---

[204] Vgl. oben bei FN 94, 97 ff.

[205] Vgl. *meine* Staatsform (FN 53), S. 153 f. — *Häberle*, Wesensgehaltgarantie (FN 6), S. 185 f., 192 ff.; — *ders.*, Besprechung von Leisner, Verfassungsmäßigkeit (FN 209), AöR 90 (1965), S. 117 ff. (120): Rechtsberuf des demokratischen Gesetzgebers, die Verfassung zu aktualisieren und zu konkretisieren. — Vgl. *P. Schneider*, In dubio (FN 31), S. 281; — *Wittig*, Bundesverfassungsgericht (FN 75), S. 583. — Vgl. *Lerche* (Übermaß, FN 5, S. 131) zur Entscheidung bei Grundrechtskonkurrenzen. — Die Rolle des Gesetzgebers verkennt W. *Schmidt*, Freiheit (FN 4), S. 56 bis 64.

[206] Vgl. *Maunz/Dürig*, Grundgesetz (FN 3), Art. 20 Rdnr. 72.

§ 7 Inhalt und Schranken der Libertätsrechte 59

Inhalt und Schranken personaler Freiheit zu befinden[207], soweit das Grundgesetz dem nicht entgegensteht. Das ergibt sich aus der gemäß Art. 20 III GG nur durch die Verfassungsbestimmungen begrenzten Omnipotenz des Gesetzgebers[208]. Sicher begegnet es keinen Bedenken, daß der Gesetzgeber mit der Normierung personaler Freiheitsrechte auch die Exekutive einschränkt.

Es könnte aber eingewandt werden, daß die gesetzliche Inhaltsbestimmung der Libertätsrechte unzulässig sei, weil sie den Sachbereich begrenze, innerhalb dessen sich der Kern der Libertätsrechte gegenüber dem Gesetzgeber behaupten solle. *Leisner* meint daher zu Art. 19 II GG, was vom einfachen Gesetzgeber nicht geändert werden könne, dürfe nicht vorher von ihm mit Sinn erfüllt werden[209]. Diese Ansicht überzeugt aber nicht. Der Gesetzgeber ist ja bei der Errichtung des „Bollwerks" gegen sich selbst nicht souverän. Dafür, daß es weder zu starr noch zu nachgiebig und nicht durch Vorbehaltsgesetze ausgehöhlt wird, muß auf dem Hintergrund eines geisteswissenschaftlichen Verfassungsbegriffs das gesamte System der Kontrollen und

---

[207] Vgl. Art. 151 bis 153 WV und unten bei FN 346, 351 ff., 360 und 375. — Vgl. *Jesch,* Gesetz (FN 67), S. 139 f. — *Lerche* (Übermaß, FN 5, S. 112 ff., S. 148 f.) sieht ähnlich wie in Art. 14 I 2 und Art. 12 I 2 GG in den Schrankentrias immanente Grenzen, die zur eingrenzenden oder erweiternden Fortbildung der Verfassung ermächtigen. — *Häberle* (Wesensgehaltgarantie, FN 6, S. 98): „Die individuelle Freiheit bedarf der ... institutionellen Seite der Grundrechte und der diese anreichernden Normenkomplexe." Vgl. a.a.O., z. B. S. 164 ff., 180 ff., 192 ff., 222 ff. — *Dürigs* Bedenken gegen einen allgemeinen Gesetzesvorbehalt zur Begrenzung des Freiheitsrechts aus Art. 2 I GG (Grundgesetz, FN 3, Art. 2 I Rdnr. 18 a. E.) trifft die hier vertretene Freiheitskerntheorie nicht. Mit Recht verweist *Dürig* selbst auf Art. 14 I 2 und Art. 12 I 2 GG. Insbesondere hält er seine These von der *Erforderlichkeit* der Regelungen auf Grund der Schrankentrias bei der Anwendung des Art. 2 I GG auf die Libertätsrechte nicht durch, wenn es um die Rechtfertigung von Freiheitsbegrenzungen durch die Sozialstaatsklausel geht (Grundgesetz, a.a.O., Art. 2 I, Rdnr. 24 f.; ebenso ergeht es *Nipperdey,* Entfaltung, FN 81, S. 805 ff.) und er endet bei der Zustimmung zu BVerfGE 4, 7 S. 16 (vgl. oben bei FN 143). — Auch das Grabmalurteil BayVGH VwRspr. 12, 951 (960) beruft sich für den Spielraum des Gesetzgebers außerhalb des „Wesensgehalts" der Freiheit des Art. 2 I GG auf den Vergleich mit Art. 14 I 2 GG. — Das Kleingartenurteil BVerwGE 1, 321 (324) hatte sogar einen Schluß a maiore ad minus aus Art. 2 II 3 GG auf Art. 2 I GG gezogen. — Vgl. auch *Bettermann,* oben in FN 159. — Der Hinweis von *Nipperdey* (Entfaltung, FN 81, S. 802), Art. 2 II 3 GG sei bereits durch Art. 102 und 104 GG beschränkt, entschärft den fraglichen Gesetzesvorbehalt, abgesehen von Art. 102 und 104 I 2 GG, nur verfahrensrechtlich.

[208] Für die Theorie des BVerfG folgt das z. T. aus der Kompetenz des Gesetzgebers, im Rahmen des Art. 2 I GG für eine verfassungsmäßige Ordnung = verfassungsmäßige allgemeine Rechtsordnung zu sorgen, vgl. BVerfGE 6, 32 (37 f.). — Vgl. oben in und bei FN 143.

[209] *Leisner,* Von der Verfassungsmäßigkeit der Gesetze zur Gesetzmäßigkeit der Verfassung, 1964, S. 66, vgl. auch S. 50. Das bezieht sich auf die Auslegung verfassungsrechtlicher Begriffe an Hand niederrangigen Rechts. — Im gleichen Sinn W. *Schmidt,* Freiheit (FN 4), S. 56 ff., bes. S. 64.

2. Teil: Konsequenzen der Freiheitskerntheorie

Gegengewichte eines materialen Rechtsstaates sorgen. In diesem Rahmen liegt das Wächteramt vor allem bei der öffentlichen Meinung, dem Wahlvolk, der Wissenschaft und der Rechtsprechung[210]. Die Rechtsprechung ihrerseits läßt sich durch eine Verfassungsänderung korrigieren.

In der angedeuteten geistigen Kommunikation spiegelt sich das Wesen des Rechts als eines geistigen Gebildes, das einer starren Objektivierung ausweicht und sich in der gegenseitigen Beeinflussung des objektiven Geistes und seiner personalen Repräsentanten ständig weiterentwickelt[211]. Was *Leisner* als bedauerliche Schwäche der Grundrechtspraxis ansieht, die Bezugnahme auf außerrechtliche oder niederrangige Inhalte, auf „ideologische" Dynamik oder „konservierende" Empirie der „Techniker des Rechts"[212], umschreibt die große und unvermeidbare Spannung, in der das Recht als geistige Objektivation steht. Leisner nennt die mit *G. Jellinek*[213] als evolutionär und konservativ zu bezeichnenden Seiten des Rechtsbewußtseins (subjektiv beliebige) Ideologie und niederrangige, blockierende Tradition. Zugleich gibt er zu, ihm fehle eine materielle Verfassungstheorie, die er mit Recht als Teil einer allgemeinen Rechtslehre fordert[214].

Im Rahmen einer materialen Rechtsstaatstheorie sehen wir in der zeitlichen, öffentlichen Bewährung des Rechts und in der Überzeugungskraft von Wertvorstellungen, die aus der objektivierenden Diskussion — auch innerhalb einer Kennerschaft — hervorgegangen sind, die Legitimierungsfaktoren des Rechts: Vernunft, erfolgreiche Erprobung und Tradition. Jede in diesem Sinne „offene" Rechtsordnung trägt also ihre legitimierende Wertordnung in sich, ob diese materiale Verfassung der allgemeinen (gesetzlichen und richterrechtlichen) Rechtsordnung[215] — als materieller Teil einer geschriebenen Verfassung —

---

[210] *Häberle*, AöR 90 S. 121 mit 119 f. (FN 205): Die Substanz der Verfassung liege doch wohl in einem „immer neuen Legitimierungsprozeß, an dem neben dem Bürger wesentlich der Gesetzgeber beteiligt" sei. Im übrigen unterschätze Leisner die Verfassungstheorie und -rechtsprechung. — *P. Schneider*, (In dubio, FN 31, S. 281) verweist auf Wahlen und öffentliche Debatten. — Vgl. *meine* Staatsform (FN 53), § 21, 4 „Die republikanische Legitimation". — Vgl. auch oben in FN 51 und bei FN 52.

[211] Vgl. oben FN 162.

[212] Vgl. *Leisner*, Verfassungsmäßigkeit (FN 209), S. 17 f., 47, 52 oben, 71.

[213] *G. Jellinek*, Allgemeine Staatslehre, 1914, S. 354.

[214] Vgl. *Leisner*, Verfassungsmäßigkeit (FN 209), S. 18, 46 f., 64 mit 22.

[215] Diese allgemeine Rechtsordnung habe ich „gesellschaftliche Rechtsordnung" genannt: Staatsform (FN 53), S. 32. Ihr stehen die Normen zur Organisation der Staatsleitung als „politische Rechtsordnung" gegenüber. Auch die politische Rechtsordnung ist nicht auf eine formelle Verfassung angewiesen.

§ 7 Inhalt und Schranken der Libertätsrechte 61

formellen Verfassungsrang hat oder nicht[216]. Dafür wird der geschichtliche dritte Teil dieser Ausführungen Beispiele liefern, insbesondere aus England und aus der französischen Verfassungsgeschichte seit der Revolution.

Die öffentliche Bewährung bestimmter Rechtseinrichtungen und Wertvorstellungen über einen längeren Zeitraum, in dem man Erfahrungen sammeln konnte, ist der sicherste Wertmaßstab. Deshalb hat die Tradition in diesem Bereich mit Recht eine große Legitimierungskraft[217]. Wenn man die Verhärtung von Tradition fürchtet — und das ist tatsächlich ihre Schattenseite —, dann muß man die Öffnung des Rechts zum außerrechtlichen Wertdenken der Rechtsgemeinschaft bejahen, den ständigen Kontakt des Rechts mit der Ethik. Bei der Weiterentwicklung von Wertvorstellungen kommt die Initiative von Revolutionären und geistigen Repräsentanten zum Zuge, über den Erfolg aber entscheidet wieder die zeitliche Bewährung vor der Rechtsgemeinschaft[218]. Das Urteil fällen die verschiedenen Kontrollinstanzen.

Für das Verständnis des Zusammenspiels zwischen Verfassungsgrundrechten und gesetzlicher Ordnung bürgerlicher Freiheit ist im übrigen G. Jellineks Feststellung wesentlich, daß jede rechtliche Freiheit der gesetzlichen Regelung bedürfe[219], und daß man im Grunde nur deshalb spezielle „Freiheitsrechte" in die Verfassungen aufgenommen habe, weil man der Absage an bestimmte ehemalige Freiheitseinschränkungen politischen Nachdruck geben wollte[220]. Insofern ist der Umfang der speziellen Freiheitsrechte von vornherein durch den Gegenstand der aufgehobenen freiheitsbeschränkenden Gesetze bestimmt gewesen. Auf diesem Hintergrund erklärt sich, warum die Grundrechtspraxis von jeher mit größter Selbstverständlichkeit traditionelle Grundrechtseinschränkungen durch einfache Gesetze akzeptiert hat, nämlich diejenigen, die man stets für gerechtfertigt hielt und mit der Befreiungsaktion gar nicht meinte: etwa die strafrechtliche Ausklammerung bestimmter Erwerbsarten aus dem Berufsbegriff der Berufsfrei-

---

[216] Vgl. G. Jellinek (Die Erklärung der Menschen- und Bürgerrechte, 1895, 3. Aufl. 1919, S. 4) zur Situation unter der Reichsverfassung von 1871. — Vgl. unten z. B. bei FN 346, 351 ff., 360, 375 und nach FN 371.

[217] Vgl. Häberle, Wesensgehaltgarantie, FN 6, S. 170. — Vgl. in FN 221.

[218] Vgl. meine Staatsform (FN 53), § 21, 4 und § 6.

[219] Eine persönliche Rechtsstellung setzt die (gesetzliche oder verfassungsgesetzliche) konkrete Verpflichtung von Privatpersonen oder Organwaltern der öffentlichen Hand voraus, zur Vermeidung einer rechtlichen Sanktion etwas zu tun, zu unterlassen oder zu dulden. Vgl. bei FN 17 f. — Wie im Text: Scheuner, Pressefreiheit, FN 67, S. 37 bis 42.

[220] G. Jellinek, System (FN 15), S. 103 f., hier unten bei FN 386. — Ähnlich Scheuner, a.a.O., S. 45 f.

heit oder die Herausnahme der Besteuerung aus dem Begriff der Enteignung[221].

Sind die Grundrechte also in ihren speziellen Ausformungen als bestimmte Einwirkungen auf die gesetzliche Ordnung entstanden (und zwar in Frankreich und Deutschland zunächst als rechtlich irrelevante Gesetzgebungsprogramme), so hat der generalklauselartige Freiheitssatz erst recht diejenigen Teile der gesetzlichen Ordnung als anerkannte Tradition übernommen, gegen die keine Einwendungen zu erheben waren. Speziell zum Grundgesetz läßt sich sagen, daß die Vermutung dafür spricht, der Verfassungsgesetzgeber habe im Bereich der nicht im einzelnen behandelten Freiheit keine Notwendigkeit gesehen, bestimmte Gefahren für die Freiheit abzuwehren, sei also grundsätzlich mit den Leitgedanken der vorhandenen gesetzlichen Ordnung personaler Freiheit einverstanden gewesen. In den ersten Jahren nach der Verfassungsgebung sind denn auch die folgenden Libertätsrechte durchaus im Rahmen gesetzlicher Beschränkungen herkömmlicher Art anerkannt worden: die Unternehmens- und Wirtschaftsfreiheit außerhalb des Art. 12 I GG, die Wettbewerbsfreiheit im Rahmen des Leistungswettbewerbs, die Konsumfreiheit, die Vertragsfreiheit, die Ausreisefreiheit und das allgemeine Persönlichkeitsrecht[222].

---

[221] Vgl. *Häberles* Ausführungen zum Rezeptionscharakter des Grundrechtsteils von Verfassungen (Wesensgehaltgarantie, FN 6, S. 167 ff.). — Zur Anknüpfung der Verfassungsauslegung an die Tradition vgl. *BVerfGE* 10, 285 S. 298 (Zuständigkeit oberer Bundesgerichte); 12, 1 S. 4 (Glaubensfreiheit); 14, 263 S. 278 (Inhaltsbestimmung des Eigentums); 15, 256 S. 264 (Akademische Selbstverwaltung); 17, 172 S. 182 (Kommunale Selbstverwaltung); 19, 93 S. 96 (Zwangspflegschaft); 19, 303 S. 314 (Koalitionsfreiheit); *BVerwGE* 6, 101 S. 104 (Staatl. Schulaufsicht) und Lit. bei *Ossenbühl*, Probleme und Wege der Verfassungsauslegung, DÖV 1965, S. 649 ff. (658 ff.).

[222] Vgl. *Nipperdey*, Entfaltung (FN 81), S. 762, 826 ff.; *E. R. Huber*, Der Streit um das Wirtschaftsverfassungsrecht, DÖV 1956, S. 135; — *Dürig*, Grundgesetz (FN 3), Art. 2 I Rdnr. 18 a. E., 34 ff. — Vgl. die folgenden *BVerfG*-Entscheidungen:
zur *Wirtschaftsfreiheit*:
4, 7 (Investitionshilfegesetz); —
12, 341 (Zusatzumsatzsteuer); —
15, 235 (Pflichtzugehörigkeit zur Industrie- und Handelskammer); —
18, 315 (Milchmarktordnung); —
zur *Wettbewerbsfreiheit*:
17, 306 (öfftl.-rechtl. Feuerversicherungsanstalt); —
zur *Vertragsfreiheit*:
8, 274 (Preisgesetz); —
10, 354 (Pflichtmitgliedschaft bei Bay. Ärzteversorgung); —
19, 93 (Zwangspflegschaft nach § 1910 III BGB); —
zur *Ausreisefreiheit*:
6, 32 (Paßgesetz).
Betrachtet man das Sammlungsrecht als staatlichen Eingriff in die Vertragsfreiheit, so ist *BVerfGE* 20, 150 eine Korrektur der hier betrachteten Gesetzgebung, allerdings einer typisch nationalsozialistischen und für die traditionelle Rechtsordnung atypischen.

§ 7 Inhalt und Schranken der Libertätsrechte 63

Die den Kernbereich dieser personalen Freiheiten schützenden gesetzlichen Regelungen sind so grundlegend freiheitssichernd, daß ihre „legislativen Prinzipien"[223] als typische Beispiele der Freiheit durch Gesetz schon längst materiellen Verfassungsrang gehabt haben[224]. Die Beispiele zeigen, daß die Ausfüllung der Verfassung durch Gesetzesrecht gar nicht so problematisch ist, wenn Wissenschaft und Rechtsprechung an der verfassungsrechtlichen Bewertung beteiligt sind[225]. Vom geisteswissenschaftlichen Rechts- und Verfassungsverständnis her entscheidet nämlich der Gehalt eines Rechtssatzes über seinen Verfassungsrang und nicht ausschließlich die Form seiner Entstehung. Deswegen ist das geistige Prinzip der Einheit der Rechtsordnung, an der neben der formalen Gesetzgebung aller Stufen der Gemeingeist und seine Repräsentanten in Wissenschaft und Rechtsprechung mitwirken, bedeutsamer als die formale Rangordnung der Normen[226]. Andernfalls hätten im Verfassungsrecht weder Gewohnheits- noch Richterrecht Platz.

---

[223] Vgl. *Erich Kaufmann*, Das Wesen des Völkerrechts und die clausula rebus sic stantibus, 1911, S. 229.

[224] Vgl. unten FN 354: Die Vertragsfreiheit des Code civil gilt als Freiheitsidee von 1789. — Art. 103 II und III GG bestätigen z. B. traditionelle Grundsätze des deutschen Strafrechts. Art. 33 V GG verweist ausdrücklich auf die hergebrachten Grundsätze des Berufsbeamtentums, d. h. der Beamtengesetze. Vgl. *Leisner*, Verfassungsmäßigkeit (FN 209), S. 25. — *Schaumann* (Auftrag, FN 49, S. 51): „Der ... Gedanke, daß das Verfahrensrecht auch eine dem Gesetzgeber aufgetragene Erfüllung der verfassungsrechtlichen Gewährleistung der Freiheitsrechte ist, faßt allerdings nur langsam Fuß, da er in der bestehenden und weiterentwickelten Gesetzgebung als selbstverständlich verwirklicht angesehen wird." — Vgl. *Häberles* Hinweis auf die unmittelbare Konkretisierung übergesetzlicher Normen durch einfaches Gesetzesrecht (Wesensgehaltgarantie, FN 6, S. 147 f.); a.a.O., S. 238 Anm. 14: Zeitweise sind Grundrechte ins Gesetzesrecht „hinausverlagert" worden. — Zur Schranken-Seite: *E. R. Huber*, Wirtschaftsverwaltungsrecht, 1. Bd. 1953, S. 663: Rechtstradition als ungeschriebener Bestandteil der verfassungsmäßigen Ordnung.

[225] Der Konkretisierungsprozeß kann durchaus zu Libertätsrechten führen, die nur Deutschenrechte sind, obwohl der rechtsethische Charakter des Freiheitssatzes wohl prinzipiell zu Menschenrechten tendiert. — *Nipperdey* (Entfaltung, FN 81, S. 776) und *Wehrhahn* (Vorfragen, FN 81, S. 258) wollen Libertätsrechte nur als Menschenrechte zulassen. So offenbar auch *Dürig*, Grundgesetz (FN 3), Art. 2 I GG, Rdnr. 66.

[226] Auch *Leisner* gibt zu, daß gegenüber „der Einheit der Gesamtrechtsordnung und der des juristischen Denkens" „das Stufenproblem der Normen sekundär bleibt" (vgl. Verfassungsmäßigkeit, FN 209, S. 56, 71). Trotzdem überwiegen seine Bedenken gegen die verfassungsrechtliche Rezeption „niederrangigen" Gesetzesrechts, das nicht vom formalen Verfassungsgesetzgeber stammt (vgl. z. B. *Leisner*, Die Gesetzmäßigkeit der Verfassung, JZ 1964, 202 ff., S. 205 li. Sp.). Vgl. aber auch unten in FN 229. — BVerfG DÖV 1970, 708 (709) bestätigt die „Einheit der Verfassung" und die Existenz von „mit Verfassungsrang ausgestatteten Rechtswerten" außerhalb der Grundrechte. Die Auslegung der Verfassung an Hand niederrangigen Rechts wird allerdings pauschal abgelehnt (ohne daß formal niederrangiges, material Verfassungsrang einnehmendes Recht in Frage stand).

2. Teil: Konsequenzen der Freiheitskerntheorie

Die geistige Wechselwirkung zwischen grundrechtlichen Prinzipien und gesetzlicher Konkretisierung ist im übrigen unvermeidlich[227]. So wie jedes Prinzip zu seiner Verwirklichung von einer Konkretisierung abhängig ist und aus der Sachgesetzlichkeit der Konkretisierungssituation sinngestaltende Impulse empfängt[228], so enthält bereits jeder konkrete Normenkomplex eine Verwirklichung von Prinzipien. Grundrechtliches Prinzip und Gesetz sind aufeinander angewiesen wie Form und Stoff. Je grundlegender und zeitloser eine grundrechtliche Aussage ist, desto geringer ist ihre inhaltliche Schärfe. Es widerspräche dieser Gesetzlichkeit geistiger Inhalte, wollte man von grundrechtlichen Prinzipien ein hohes Maß verfassungsmäßigen „Selbstandes", d. h. unwandelbare Inhalte, und zugleich die Detailliertheit verlangen, ohne weiteres konkrete Entscheidungen herzugeben[229].

Im Zusammenwirken von grundrechtlichem Prinzip und gesetzlicher Konkretisierung ist allerdings die Verteilung der Rollen von Tradition und Evolution nicht fixiert. Neben der Verfassungstradition gibt es die Reformverfassung, während die Gesetzesreform auf die traditionelle Gesetzgebung und auf die Verfassung einwirkt[230].

2. Die Entstehung neuer Libertätsrechte

Nach allem ist es folgerichtig, daß das Grundgesetz für die grundlegenden persönlichen Grundrechtspositionen, für den Schutz von Freiheit und Eigentum, die Inhaltsbestimmung durch Gesetz vorsieht.

---

[227] So im Ergebnis *Bettermann*, Grenzen (FN 45), S. 6: „In Wahrheit limitieren sich Gesetz und Grundrechtsnorm wechselseitig." — *Schaumann* (Auftrag, FN 49, S. 51 f.): „Wechselwirkung" zwischen der Institutsgarantie und der gesetzlichen Ausgestaltung des Eigentums. — Vgl. Graf *v. Pestalozza* (Staat 1963, S. 425 ff., S. 427): „Der Vorgang der Subsumtion vollzieht sich unter ständiger Wechselwirkung zwischen Obersatz und Untersatz, ..." — Vgl. *Häberle*, Wesensgehaltgarantie (FN 6), z. B. S. 210 ff. — Vgl. unten Teil III, z. B. bei FN 346, 351 ff., 360 und 375.
[228] Hans Huber (Die Verfassungsbeschwerde, 1954, S. 18): „Die Sinnermittlung der Grundrechte ist ... rechtsschöpferische Konkretisierung, mehr *Sinngebung* als *Sinndeutung*."
[229] Vgl. *Häberle*, Wesensgehaltgarantie (FN 6), S. 213 ff. — Diese Erkenntnis hat auch *Leisner* schließlich zu dem Kompromiß geführt, daß beides verbunden werden müsse: „Gesetzmäßigkeit der Verfassung und Verfassungsmäßigkeit der Gesetze, Ideologie und traditionsreiche Einzelregelung" (Gesetzmäßigkeit, FN 226, S. 205 li. Sp. oben und S. 206). — Obwohl *W. Schmidt* klar erkannt hat, daß ein Grundrechtsprinzip wie der Freiheitsschutz des Art. 2 I GG erst über eine Konkretisierung zu einer persönlichen Rechtsstellung werden kann (Freiheit, FN 4, z. B. S. 83), geht er von einem verfassungsrechtlichen Selbstand aus, der einer Ausgestaltung durch den Gesetzgeber entzogen ist (a.a.O., S. 58, 60, 64). Das führt bei ihm dazu, das Bundesverfassungsgericht zum alleinigen Interpreten der Verfassung zu erklären (a.a.O., S. 61, 64).
[230] Vgl. *Häberle*, Wesensgehaltgarantie (FN 6), S. 213 ff.

§ 7 Inhalt und Schranken der Libertätsrechte

Dabei gilt wie gesagt die Gesetzgebungsschranke zum Schutz des Kernbereichs personaler Freiheit nicht nur direkt im Bereich des Art. 2 I GG (hinsichtlich der Libertätsrechte), sondern z. B. auch für die konkreten Eigentumspositionen gemäß Art. 14 GG. Nachdem das Eigentumsgrundrecht mit Recht über den Bereich des Grundeigentums hinaus eine Generalklausel zum Schutz vermögenswerter eigentumsähnlicher Rechtspositionen geworden ist, setzt ja seine Abwehrfunktion zugunsten des Verfassungskerns des Eigentums die Anerkennung eigentumsschutzfähiger gesetzlicher Rechte durch Wissenschaft und Rechtsprechung voraus[231].

Das ist derselbe Vorgang, wie er sich im Rahmen des Art. 2 I GG abzuspielen hat.

Hier müssen Wissenschaft und Rechtsprechung diejenigen persönlichen Rechtsstellungen (einschließlich ihrer Begrenzungen) in der gesetzlichen Ordnung aufspüren, die den speziellen Freiheitsrechten des Grundgesetzes und den bereits anerkannten Libertätsrechten in dem Sinne entsprechen, daß ihnen das Schwergewicht einer personalen Freiheitsposition zukommt[232]. Das maßgebliche Kriterium wird dabei die Frage ergeben, ob der Kernbereich der zu prüfenden Rechtsposition aus rechtsethischen Gründen gesetzesfest sein muß[233]. Dabei kann sich herausstellen, daß die persönliche Rechtsstellung auch gegenüber der Verwaltung von vornherein nicht weiter reicht als der Kernbereich der fraglichen personalen Freiheit. Andernfalls wehrt das über den Kernbereich hinausreichende Libertätsrecht im Rahmen des Gesetzmäßigkeitsprinzips[234] die durch Gesetz und Recht nicht gedeckte Verwaltung auch außerhalb des Kernbereichs ab[235].

Soll der Freiheitssatz des Art. 2 I GG der Durchsetzung eines rechtsethisch erforderlichen Freiheitsschutzes dienen, so müsesn auch Wissenschaft und Rechtsprechung, in letzter Instanz das Bundesverfassungsgericht, im Fall einer unerträglichen Rechtsgestaltung als befugt angesehen werden, einem bisher gesetzlich nicht konkretisierten Libertäts-

---

[231] So spricht *BGHZ* 23, 30 (32) davon, daß der „Wesensgehalt" des Eigentums „entsprechend den verschiedenen Funktionen nach der Art des jeweiligen Eigentums" unterschiedlich abgegrenzt werden kann.

[232] Ähnlich W. *Schmidt*, Freiheit (FN 4), S. 78, 81.

[233] Ein gutes Beispiel ist die gerichtliche Bestätigung eines „gesetzlich anerkannten" Rechts auf ungestörte Teilnahme am Gemeingebrauch (*BVerwGE* 4, 342 S. 346; 30, 235 S. 238).

[234] Vgl. auch die Prüfung der Zumutbarkeit gesetzlicher Eingriffe oben bei FN 143—146.

[235] Das vermag W. *Schmidt* mangels Berücksichtigung des Wesens persönlicher Rechtsstellungen nicht zu erfassen (vgl. Freiheit, FN 4, S. 79 Anm. 163).

recht Anerkennung zu verschaffen[236]. Das ist im Prinzip nichts anderes als die sonstige richterliche Fortentwicklung des Rechts auf Grund der Wertentscheidungen des Grundgesetzes.

Solange sich die erforderliche Rechtsfortbildung allerdings auf dem Hintergrund des Auslegungsprinzips des Art. 2 I GG durch die — auch analoge — Berücksichtigung vorhandener spezieller Freiheitsgrundrechte erreichen läßt, sollte im Interesse der Rechtssicherheit der verfassungsnähere Weg beschritten werden[237]. Diese Lösung läßt das Problem der Reichweite der erforderlichen persönlichen Rechtsstellung des Betroffenen schärfer hervortreten und ermöglicht gegenüber der sonst allein eingreifenden Schrankentrias die Beachtung spezialgrundrechtlicher Gesetzgebungsschranken und der dazu vorliegenden Literatur und Rechtsprechung.

So ist z. B. nicht recht einzusehen, warum die Ausreisefreiheit nicht analog der körperlichen Bewegungsfreiheit des Art. 2 II GG und die entgeltliche private Personenbeförderung[238] nicht analog Art. 12 I GG behandelt werden sollte.

In den Fällen, in denen ein Strafurteil oder eine Strafvollstreckung als verfassungswidrig bezeichnet werden, weil die Strafnorm verfassungswidrig sei, greift Art. 103 II GG — zumindest analog — ein[239]. Rechtswidrige Strafurteile und Verwaltungsakte, welche die körperliche Bewegungsfreiheit beeinträchtigen, verstoßen gegen Art. 2 II GG[240].

---

[236] *Jesch* (Gesetz, FN 67, S. 139): An der Inhalts- und Schrankenbestimmung der Freiheit, die in die Gesamtrechtsordnug eingebettet sei, hätten Gewohnheits- und Richterrecht ebenso teil wie die Gesetzgebung. — Zu Art. 14 GG wären z. B. zu nennen: die Herausarbeitung des Rechts am eingerichteten und ausgeübten Gewerbebetrieb und des Rechts auf Anliegergebrauch (*BVerwGE* 30, 235 S. 239).

[237] *Dürig*, Grundgesetz (FN 3), Art. 2 I Rdnr. 10 f.; — *Nipperdey*, Entfaltung (FN 81), S. 764; — *Walter Schmidt*, Freiheit (FN 4), S. 76. — Auf diesem Wege läßt sich auch das Problem der auf dem Gebiet der Spezialfreiheiten eventuell erforderlichen Ausländerrechte in Angriff nehmen. So *Dürig*, Grundgesetz (FN 3), Art. 2 I, Rdnr. 66; allerdings hauptsächlich wegen seiner speziellen Schrankentheorie. Nach der hier vertretenen Ansicht kommt dagegen im Einzelfall durchaus auch die Ausgestaltung eines Ausländerrechts als Libertätsrecht in Betracht. Vgl. auch oben FN 225.

[238] *BVerfGE* 17, 306 (313) wendet Art. 2 I GG an. Wie hier schon *W. Schmidt*, a.a.O.

[239] So gegenüber dem Rückgriff auf Art. 2 I GG in *BVerfGE* 12, 296 S. 308 (Bestrafung nach § 90 a StGB a. F.) schon *W. Schmidt*, a.a.O. — In einer anderen Strafsache hat *BVerfGE* 7, 111 (119) erklärt, Art. 103 II GG betreffe nur den Fall der Rückwirkung eines Strafgesetzes. Auch hier ist Art. 2 I GG zugrunde gelegt worden (S. 111).

[240] *BVerfGE* 11, 150 (163, 165), 11, 326 (328) und 12, 99 (108 f.) bemühen bei der Frage der Vollstreckbarkeit sowjetzonaler Freiheits- und Geldstrafen Art. 2 I GG. — Vgl. *W. Schmidt*, a.a.O.

§ 7 Inhalt und Schranken der Libertätsrechte

Verfassungs- bzw. gesetzwidrige Geldstrafen, Steuerforderungen und sonstige finanzielle Belastungen dürften mit Art. 14 GG unvereinbar sein. Diese These setzt allerdings die Abkehr von der Auffassung voraus, Art. 14 GG schütze „nicht das Vermögen ... gegen Auferlegung von Geldleistungspflichten"[241]. Den ersten Schritt hat das *Bundesverfassungsgericht*[242] bereits mit dem Zugeständnis gemacht, im Falle *übermäßiger* Forderungen werde die Eigentumsgarantie verletzt. Wenn das für die *Verfassungs*widrigkeit einschlägiger Gesetze gilt, die allerdings durch entsprechende Sozialbindungen nach Art. 14 I 2 GG[243] weitgehend ausgeschlossen ist, müßte es eigentlich klar sein, daß *gesetz*widrige Geldforderungen der Verwaltung ebenfalls gegen Art. 14 GG verstoßen. Mit dem gleichen Recht, mit dem BVerfGE 9, 83 (88) zu Art. 2 I GG festgestellt hat, daß die freie Entfaltung der Persönlichkeit die „Freiheit von unberechtigten staatlichen Eingriffen" einschließe, läßt sich die Eingriffsfreiheit für das sachliche Freiheitsrecht des Art. 14 GG in Anspruch nehmen. Seitdem Art. 14 GG alle vermögenswerten eigentumsähnlichen Rechtspositionen einschließlich der Forderungsrechte schützt, muß auch die rechtswidrige Belastung mit entsprechenden vermögenswerten Verbindlichkeiten unzulässig sein.

Wird die Vollstreckung einer rechtswidrigen Bestrafung im Gnadenwege aufgehoben, so bleibt letzten Endes noch ein Eingriff in die Ehre des Verurteilten als Verletzung eines Libertätsrechts übrig.

Übrigens könnte die Grundrechtsverletzung auch in dem Bereich gesucht werden, in den das in Frage stehende materielle Strafrecht oder das Verwaltungsrecht eingreift, das zwangsweise durchgesetzt werden soll[244].

---

[241] In *BVerfGE* 4, 7 (17) wird das als h. M. bezeichnet. Darum haben z. B. *BVerfGE* 9, 3 (11 f.), 9, 83 (88) und 12, 341 (347 f.) die verfassungswidrige Belastung mit Steuern oder Geldstrafen als Verstoß gegen Art. 2 I GG behandelt. — Vgl. aber unten bei FN 291.

[242] *BVerfGE* 23, 12 (30); vgl. auch 14, 221 (241 f.).

[243] Im Steuerrecht sehen eine Schrankenbestimmung nach Art. 14 I 2 GG: *Maunz*, Grundgesetz (FN 3), Art. 14 Rdnr. 51; — *Lerche*, Übermaß (FN 5), S. 179; — *Fritz Werner*, Tendenzen (FN 2), S. 18. — Weitere Belege bei *Rüfner* (Die Eigentumsgarantie als Grenze der Besteuerung, DVBl. 1970, S. 881 Anm. 10), der selbst der These von einer speziellen verfassungsrechtlichen Ausnahme vom Eigentumsschutz den Vorzug geben möchte (a.a.O., bei und in Anm. 11). m. E. sind beide Argumente zu kombinieren, da die fragliche Ausnahme eben ihrem Charakter nach eine Sozialbindung des Eigentums darstellt und als solche durch verfassungsrechtliche Spezialvorschriften bestätigt wird. — Das gegen die Schwierigkeiten, die *Rudolf Schneider* (Rechtsnorm und Individualakt ..., VerwArch. 58, 1967, S. 206 f. mit Anm. 207) bei Anwendung des Art. 14 GG sieht.

[244] Deswegen haben sich *BVerfGE* 9, 83 (88 f.) und 11, 234 (238 f.) an Art. 12 GG gehalten. — In *BVerfGE* 7, 111 war Art. 5 I GG, in *BVerfGE* 12, 296 Art. 9 in Verbindung mit Art. 21 GG, in *BVerfGE* 11, 150, 11, 326 und 12, 99 die Wirtschafts- und Vertragsfreiheit und in *BVerfGE* 12, 99 war außerdem

Für ein selbständiges Libertätsrecht auf Gesetzmäßigkeit der Verwaltung[245] oder Verfassungsmäßigkeit der Gesetzgebung ist jedenfalls weder ein Bedürfnis noch eine verfassungsrechtliche Grundlage ersichtlich. In Anfechtungsprozessen und Verfassungsbeschwerdeverfahren zur Durchsetzung der Freiheitsrechte (einschließlich der Libertätsrechte) ist zunächst die Klagebefugnis und die Aktivlegitimation zu untersuchen, d. h. festzustellen, ob die Berührung einer persönlichen Rechtsstellung schlüssig behauptet ist und tatsächlich vorliegt. Dann folgt die Prüfung, ob der fragliche Hoheitsakt rechtmäßig ist. Für andere Fälle hat die Rechtsordnung das Rechtsschutzbedürfnis daran verneint, eine solche Prüfung im Individualinteresse durchzuführen.

§ 8 Die Bedeutung der Schrankentrias

1. Die Schrankentrias als rechtsethisches Prinzip

Die Gesetzgebung zur Inhalts- und Schrankenbestimmung persönlicher und sachlicher Freiheit unterliegt selbstverständlich (nach Art. 20 III GG) den inneren Bindungen, die sich aus den Prinzipien und Grundsätzen der verfassungsmäßigen Ordnung des demokratischen und bundesstaatlichen, sozialen Rechtsstaates ergeben. Diese Ordnung ist gemäß Art. 1 II GG dazu bestimmt, das individuelle Freiheitsinteresse unter dem Gemeinwohlprinzip mit den Belangen der Gemeinschaft, des Friedens (Rechtssicherheit) und der Gerechtigkeit in Einklang zu bringen. Jeder grundrechtseinschränkende Verfassungsvorbehalt für die Gesetzgebung und erst recht jede Ermächtigung zur Inhalts- und Schrankenbestimmung von Freiheitsrechten ist aber durch den Dienst

---

Art. 14 GG (Bestrafung auf Grund eines ungerechten Steuersystems) betroffen.

[245] *Dürig* (Grundgesetz, FN 3, Art. 19 IV Rdnr. 36) spricht dagegen von einem subjektiven öffentlichen Recht auf „Freiheit von allen gesetzlich nicht gerechtfertigten Belastungen (Pflichten, Verbindlichkeiten) und Vorenthaltungen" „ohne Rücksicht darauf, ob der Eingriff eine der (im übrigen selbstverständlich nicht aufzählbaren) einzelnen materiell-rechtlichen Berechtigungen verletzt". Dadurch werde jede Klage gegen eine schlüssig dargelegte Beeinträchtigung irgendeiner unbenannten Erscheinungsform der Freiheit zunächst einmal zulässig (a.a.O., Art. 2 I, Rdnr. 26). —
Es soll hier nicht darum gestritten werden, ob ein Auffangrecht „Freiheit von Pflichten und Verbindlichkeiten" analog Art. 2 II und 14 GG oder als Libertätsrecht zu konstruieren ist. Es muß nur unterstrichen werden, daß der personale Bezug und die potentielle Abwendungsbefugnis so wie bei der Abwehr einer rechtswidrigen Handlungs- oder Zahlungsverpflichtung feststehen müssen, bevor man eine persönliche Rechtsstellung als Voraussetzung eines Freiheitsgrundrechts bejahen kann. Und das ist eben — besonders angesichts des weiten Bereichs der Drittwirkung von Verwaltungsakten — keineswegs bei jeder „Beeinträchtigung irgendeiner Erscheinungsform der Freiheit" der Fall (vgl. oben bei FN 72 ff. und 76 ff.).

§ 8 Die Bedeutung der Schrankentrias 69

an der verfassungsmäßigen Ordnung nicht nur begrenzt, sondern zugleich auch legitimiert[246]. Solange die fragliche Gesetzgebung den Kernbereich personaler Freiheit nicht berührt, ist sie also schon verfassungsmäßig, wenn sie verfassungsgrundsätzlich anerkannten Gemeinschaftswerten einschließlich der Rechte anderer in vernünftiger Weise Rechnung trägt[247].

Es fragt sich nun, ob die Begrenzung der Freiheitsrechte durch die verfassungsmäßige Ordnung der Schrankentrias (Art. 2 I GG) die gleiche Bedeutung hat wie die Bindung der Gesetzgebung an die verfassungsmäßige Ordnung des Art. 20 III GG. Das ist zu verneinen. In Art. 2 I GG geht es nämlich um mehr als die Bindung des Gesetzgebers im Rahmen der von der Verfassung ausdrücklich vorbehaltenen Gesetzgebung, die bis an die Grenze des Kernbereichs der Grundrechte reicht. Die Schrankentrias muß vielmehr Maßstäbe für die Abgrenzung des gesetzesfesten Kernbereichs der personalen Freiheit liefern und damit geeignet sein, den Charakter des Freiheitskern-Schutzes als eines Prinzips zur Ergänzung aller Grundrechtsbestimmungen zu teilen[248]. Dafür muß die Schrankentrias selbst ein (unabdingbares) rechtsethisches Prinzip sein. Das ergibt sich schon aus der Überlegung, daß ein rechtsethisches Prinzip (der Freiheitsschutz des Art. 2 I GG) nur durch ein gleichrangiges Gegenprinzip, d. h. ein ebenfalls rechtsethisches Prinzip, in seine Schranken verwiesen werden kann[249].

Wie wir gesehen haben[250], enthält der Soweit-Satz der Schrankentrias gegenüber dem Freiheitsprinzip des ersten Satzteils eine — eng auszulegende — Begrenzung, die dem sich darauf berufenden Gesetzgeber die materielle Beweislast für die verfassungsrechtliche Unver-

---

[246] Art. 1 III *Rheinl.-Pfälz. Verf.* (FN 84): „Die Rechte und Pflichten der öffentlichen Gewalt werden durch die naturrechtlich bestimmten Erfordernisse des Gemeinwohls begründet und begrenzt." — *Häberle*, AöR 90 S. 122 (FN 205): Gesetzesvorbehalt „um andere ebenfalls geschützte Verfassungsgehalte mit den Grundrechten zum Ausgleich" zu bringen. — *P. Schneider*, In dubio (FN 31), S. 281: „Es ist in erster Linie Sache des Gesetzgebers, unter Wahrung der Freiheit die Grenzen der Freiheit festzulegen, und zwar im Hinblick auf das bonum commune." — *Schaumann*, (Auftrag, FN 49, S. 48 ff.) spricht vom Auftrag des Gesetzgebers zur Verwirklichung der Freiheitsrechte anderer, der justiziellen Rechte und der Sozialrechte (d. h. der Rechte zur Ermöglichung der Freiheit). — Vgl. *meine* Staatsform (FN 53), § 21, 2 und zum Begriff des Gemeinwohls § 8, 1: Schon das im Gemeinwohl zu berücksichtigende Gesamtwohl hat „einem höheren Eigeninteresse des Individuums" zu dienen.
[247] Vgl. oben in und bei FN 143.
[248] Vgl. dazu unten § 8, 2.
[249] Vgl. zur Notwendigkeit der Balance zwischen den beiden Seiten des Freiheitssatzes: *Lerche*, Übermaß (FN 5), S. 299 mit Lit. in Anm. 160 und die Formulierung des Art. 1 *Rheinl.-Pfälz. Verf.* (in FN 84).
[250] Vgl. oben § 4, 1 und § 5, 3 — bes. bei FN 99 und FN 148 ff.

träglichkeit einer Freiheitsbetätigung auferlegt. Die freie Entfaltung der Persönlichkeit verstößt also nicht bereits dann gegen die verfassungsmäßige Ordnung, wenn die Gemeinschaftswerte eine den Freiheitskern einengende Regelung lediglich decken, nicht aber strikt erfordern.

Insbesondere ist bereits überzeugend darauf hingewiesen worden, daß die Erwähnung der beiden anderen Schranken der Trias sinnlos wäre, wenn die Persönlichkeitsentfaltung schon durch jedes mit der verfassungsmäßigen Ordnung lediglich vereinbare Gesetz, also durch die gesamte formell und materiell verfassungsmäßige Rechtsordnung begrenzt würde. Dann wären nämlich die Rechte anderer bereits durch die allgemeine Rechtsordnung geschützt und ebenso die Teile des Sittengesetzes, die in das Recht einbezogen sind; und nur sie kommen hier ja wohl ernstlich in Betracht[251]. Dabei darf man korrekterweise den Freiheitsschutz des Art. 2 I GG nicht wiederum in die verfassungsmäßige Ordnung hineininterpretieren, wie es das Elfes-Urteil tut[252]. Wäre die verfassungsmäßige Ordnung in diesem Sinne mit der allgemeinen Rechtsordnung identisch, so wäre mit dem ganzen Aufwand der Schrankentrias nichts anderes erreicht als ein schlichter unbeschränkter Verfassungsvorbehalt zugunsten der Gesetzgebung[253], der also mit dem Wortlaut des Art. 2 II 3 GG ausgekommen wäre. Auch zu diesem Wortlaut würden die Ausführungen des Elfes-Urteils über die Bindung des Gesetzgebers passen, die sich bereits aus Art. 20 III GG ergibt.

Gegen die Gleichsetzung der verfassungsmäßigen Ordnung mit der allgemeinen Rechtsordnung spricht auch schon die Tatsache, daß das Grundgesetz an allen anderen Stellen, an denen die „verfassungsmäßige Ordnung" von Bedeutung ist (vgl. Art. 9 II, 20 III, 28 I, 28 III und 98 II GG) „einen bestimmten Kreis qualifizierter Rechtsnormen" im Auge hat[254].

In sämtlichen Fassungen des Grundsatzausschusses des Parlamentarischen Rates und bis einschließlich der dritten Lesung des Hauptausschusses folgte einem Freiheitssatz mit der Schranke der verfas-

---

[251] So *Dürig*, Grundgesetz (FN 3), Art. 2 I, Rdnr. 18 Buchst. aa, Anm. 1. — a. A. *Nipperdey*, Entfaltung (FN 81), S. 800 f.
[252] Das kritisiert mit Recht auch *Nipperdey*, Entfaltung (FN 81), S. 799 bei Anm. 268.
[253] Vgl. *Dürig*, Grundgesetz (FN 3), Art. 2 I, Rdnr. 18; — *Peters*, Recht (FN 4), S. 42 unter Bezugnahme auf *BayVGH* VwRspr. 12, 951 (954). — *Nipperdey* (Entfaltung, FN 81, S. 790) stellt unter Hinweis auf *Herbert Krüger* und *Ipsen* fest, die Ablehnung der These vom allgemeinen Gesetzesvorbehalt sei vor dem Elfes-Urteil gesicherte Erkenntnis gewesen; — vgl. *E. R. Huber*, Wirtschaftsverwaltungsrecht, 1. Bd. 1953, S. 662. — Vgl. auch unten in FN 257.
[254] *E. R. Huber*, Wirtschaftsverwaltungsrecht, 1. Bd. 1953, S. 662.

§ 8 Die Bedeutung der Schrankentrias

sungsmäßigen Ordnung ein allgemeiner Verfassungsvorbehalt[255], zuletzt mit dem Wortlaut: „In diese Rechte kann nur auf Grund der Rechtsordnung eingegriffen werden." Er wäre überflüssig gewesen, wenn die Schranke der verfassungsmäßigen Ordnung bereits einen allgemeinen Verfassungsvorbehalt zugunsten der Gesetzgebung bedeutet hätte.

Nicht bezüglich der Schrankentrias, sondern im Hinblick auf die Rechtsordnungs-Schranke argumentierte der Allgemeine Redaktionsausschuß damit, daß doch wohl gegenüber der freien Persönlichkeitsentfaltung (die damit klar als ein engerer Bereich der Handlungsfreiheit erkannt war!) kein unbegrenzter Verfassungsvorbehalt zugunsten der Gesetzgebung beabsichtigt sei[256].

Erst in der vierten Lesung des Hauptausschusses ist die Rechtsordnungs-Schranke bezüglich des Freiheitssatzes auf Grund einer Formulierung des Redaktionsausschusses ohne Aussprache gestrichen worden. Dabei ist offenbar dem früheren Argument des Redaktionsausschusses gefolgt worden, das Persönlichkeitsrecht enthalte mit der Schrankentrias bereits seine eigene Begrenzung[257]. Daraus läßt sich aber nicht entnehmen, daß nunmehr ein Bedeutungswandel des Begriffes der verfassungsmäßigen Ordnung beabsichtigt gewesen wäre. Im Gegenteil spricht der Verzicht auf einen allgemeinen Verfassungsvorbehalt zugunsten der Gesetzgebung wiederum für die Auffassung des Redaktionsausschusses, der Bereich der freien Persönlichkeitsentfaltung sei so wertvoll und vorrangig, daß er einem solchen allgemeinen Vorbehalt nicht zugänglich sei[258]. Das deckt sich mit der hier vertretenen Exegese des Art. 2 I GG.

---

[255] *v. Doemming* u. a., Entstehungsgeschichte (FN 91), S. 55—62.

[256] Entstehungsgeschichte, a.a.O., S. 59 und 62.

[257] Diese Deutung wird durch *v. Mangoldts* Äußerung bestätigt, die Schrankentrias sei „von allgemeiner Bedeutung für den ganzen Grundrechtsteil" (Grundrechte, FN 86, S. 280). Wenn v. Mangoldt später gesagt hat, die Schrankentrias bedeute auch einen „Vorbehalt des Gesetzes" im Sinne des Grundsatzes der Gesetzmäßigkeit der Verwaltung gemäß Art. 20 III GG (Grundgesetz, FN 92, Art. 2 Anm. 2), dann gilt das offenbar für denjenigen Freiheitsbereich, den v. Mangoldt bereits durch die traditionelle Rechtsordnung konkretisiert sah (a.a.O., Vorbem. Anm. 2 a. E.), weshalb er die allgemeine Polizeiklausel für verfassungsmäßig hielt, während er nur das Sittengesetz als eine generelle Freiheitsschranke anerkannte. Hätte v. Mangoldt dagegen für einen allgemeinen Verfassungsvorbehalt für den Gesetzgeber plädieren wollen, hätte er nicht gleichzeitig auf Anm. 4 seiner Vorbemerkungen verweisen können (s. dort und a.a.O., Art. 2, Anm. 2).

[258] Zum gleichen Ergebnis ist *Nipperdey*, Entfaltung (FN 81), S. 794 ff. (mit Zitaten gleicher Beurteilungen auf S. 796 Anm. 796) gekommen. — Vgl. *v. Doemming* u. a., Entstehungsgeschichte (FN 91), S. 62 mit S. 59 Mitte. S. 62 ist die Ansicht des Allg. Redaktionsausschusses wiedergegeben, die freie Entfaltung der Persönlichkeit vollziehe sich im wesentlichen außerhalb der

2. Teil: Konsequenzen der Freiheitskerntheorie

Daß der rechtliche und auch schon der ethische Ordnungsgedanke bei der Konstituierung von Freiheitsrechten immer zugleich die Wahrung der Freiheit der anderen und im höheren Individualinteresse die Wahrung der Gemeinschaftsbelange als Grenze setzt, haben wir uns bereits vergegenwärtigt und läßt sich auch geschichtlich erweisen[259]. Diesem Gedanken folgend ist es in Rechtsprechung und Schrifttum sachlich fast unbestritten[260], daß alle Freiheitsrechte im Interesse der Rechte anderer und zum Schutz elementarer Gemeinschaftsbelange entsprechenden Begrenzungen unterliegen. Die juristischen Konstruktionen reichen von der direkten Anwendung der Schrankentrias auf alle Freiheitsrechte[261] über eine Anknüpfung an die Grundgedanken

---

staatlichen Ordnung. — Man kann sicher aus dem Vorschlag des Redaktionsausschusses vom 25. 1. 49 (a.a.O., S. 62), — ohne allgemeinen Gesetzesvorbehalt — zu normieren: „Jedermann hat die Freiheit, zu tun und zu lassen", was nicht gegen die Schrankentrias verstößt, nichts Gegenteiliges herleiten. Hier hätte der Vorbehalt der verfassungsmäßigen Ordnung im Sinne der Argumentation des Elfes-Urteils allerdings wohl zum allgemeinen Verfassungsvorbehalt werden müssen, um die uferlose Handlungsfreiheit sozialverträglich zu machen, wenn man in der bloßen „Freiheit" überhaupt eine Rechtsposition gesehen hätte. Aber der Vorschlag ist ja nicht akzeptiert worden.

[259] Vgl. oben § 3 Abschnitt 1 und 2 und unten bei FN 290, 305 f., 342 bis 347, 358 sowie in FN 348.

[260] a. A.: *E. Hesse*, Bindung (FN 117), S. 65, der die vom Gemeininteresse geforderten Schranken nur den Innominatrechten gegenüber gelten lassen will (S. 17 f., 109); — *Andreas Hamann*, Das Grundgesetz für die Bundesrepublik Deutschland vom 23. Mai 1949 (1961), Art. 2 Anm. A 3 a und B 4 a; — *Hamann/Lenz*, Grundgesetz (FN 9), Art. 2 Anm. A 3 a und B 4 a. — Ablehnend auch *W. Schmidt* (Freiheit, FN 4, S. 79 bei und in Anm. 164), der nur in der Beachtung der Menschenwürde und der freiheitlichen demokratischen Grundordnung eine allgemeine Grundrechtsschranke sehen will.

[261] *Wernicke* (Bonner Kommentar, FN 30, Art. 2, Anm. II 1 b) und *Schunck/De Clerck* (Allgemeines Staatsrecht und Staatsrecht des Bundes und der Länder, 1967, S. 149), die allerdings die allg. Rechtsordnung zur verfassungsmäßigen Ordnung rechnen. — *E. R. Huber*, Wirtschaftsverwaltungsrecht, 1. Bd. 1953, S. 661: „General-Vorbehalt", auch für die Einzelfreiheiten; S. 663: Ermächtigung für Gesetze, „wenn überragende Forderungen des Gemeinwohls gewahrt werden sollen"; — *ders.*, Streit (FN 222), S. 136: gegenüber Entfaltungsfreiheit nur „unabdingbar gebotene Freiheitsbeschränkungen". — *Herbert Krüger*, Wesensgehalt (FN 135), S. 599; — *ders.*, Freiheit (FN 84), S. 204: Verfm. Ordnung enthält Ermächtigung für Gesetze, „die zur Sicherung der Existenz des Staates erforderlich sind". — *Friedrich Klein* (Grundgesetz, FN 8, Art. 2, Anm. IV 2 a): Verfm. Ordnung: „nur die elementaren Verfassungsgrundsätze und Grundentscheidungen des Verfassungsgesetzgebers". — *Scheuner*, Grundrechtsinterpretation (FN 110), S. 69. — *Wehrhahn* (Vorfragen, FN 81, S. 272): Generalschranke der Spezialfreiheitsrechte (Ableitung von Libertätsrechten wird abgelehnt). — *Wertenbruch* (Grundrechtsbegriff, FN 81, S. 486): nur zur ausnahmsweisen, vorsichtigen Lückenfüllung. — *Willi Geiger* (Grundrechte und Rechtsprechung, 1959, S. 24 f.): immanenter „Gemeinschaftsvorbehalt", soweit „zur Aufrechterhaltung des gemeinen Wohls ... unausweichlich, dringend geboten ...". — *Giese/Schunck* (Grundgesetz für die Bundesrepublik Deutschland, 1965, Art. 2 Anm. II 5): „der Freiheit immanente Schranken" sind in Art. 2 I GG normiert. — *K. Hesse* (Grundzüge, FN 8, § 10 II 1 a, S. 130): Art. 1 I und 2 I GG unter dem Aspekt der Einheit der Verfassung.

§ 8 Die Bedeutung der Schrankentrias 73

der Schrankentrias[262] bis zu reinen Immanenzlehren[263]. Dabei kommt das Wesen einer den unabdingbaren Vorrang erfordernden (rechtsethischen) Begrenzung des Freiheitskerns um so deutlicher zum Ausdruck, je klarer der Konflikt mit dem Kerngehalt der einzelnen Frei-

---

[262] *Dürig* (Grundgesetz, FN 3, Art. 2 I Rdnr. 69 ff. mit Rdnr. 18 f.): Die Schrankeninhalte der „drei primitiven Nichtstörungsschranken" (Rdnr. 70) müssen von der Verfassung „gefordert" werden (Rdnr. 18 f., die nach Dürigs Argumentation erst recht für Rdnr. 69 ff. gelten). — Offenbar ähnlich *Maunz* (Staatsrecht, FN 154, § 15 I 2): „Verfassungsvorbehalt zur Interpretation immanenter Grundrechtsschranken"; Maunz findet sich zu Art. 2 I GG als Freiheitsgrundrecht — widerstrebend — mit dem Elfes-Urteil ab, a.a.O., § 15 III. — *Bachof* (Freiheit, FN 110, S. 167 Anm. 4") stimmt *Dürig* (JZ 1957, 171) darin zu, daß sich „aus dem ‚Soweit'-Satz des Art. 2 I GG einige wenige elementare Schranken auffinden lassen, ohne deren Beachtung es im sozialen Miteinander keine rechtlich relevante Freiheit geben kann". — *Nipperdey* (Entfaltung, FN 81, S. 819, — in Anm. 350 mit Bezugnahme auf *Dürig*, wie vor, Rdnr. 69 ff.) zur verfm. Ordnung: „Kriterium dieser Elementarschranke ..., daß es sich um Gemeinwohlforderungen handeln muß, die im Bewußtsein der Allgemeinheit schlechthin als richtig und verbindlich angesehen werden".
Eine Immanenzlehre mit Anknüpfung an Art. 2 I GG vertritt offenbar auch *Häberle* (Wesensgehaltgarantie, Wie vor. S. 180, 207), wenn er dem Art. 2 I GG eine „paradigmatische" (d. h. musterbeispielhafte) Bedeutung zumißt (a.a.O., S. 230 f.). — *H. J. Wolff* (Verwaltungsrecht I, 1968, § 33 V a 2): Leitrechtssatz mit „Gemeinschaftsvorbehalt aus dem Rechtsprinzip" (kategorische Forderung, „auf die Verfolgung eigener Interessen insoweit zu verzichten, als dadurch die Befriedigung objektiv wertvollerer ... Interessen anderer Menschen vereitelt werden würde", a.a.O., § 24 II a), "den verfassungsgestaltenden Grundentscheidungen des GG und den sie ergänzenden herrschenden sittlichen Grundwertungen". — Auch *Bettermann* (Grenzen, FN 45) orientiert sich an Art. 2 I GG (S. 9 f.) und führt dann aus (S. 17 ff.): Auf Grund der „Sozialpflichtigkeit" und der „Gemeinwohlpflichtigkeit" des Bürgers freiheitsbeschränkende Gesetze seien außerhalb ausdrücklicher Gesetzesvorbehalte nur im „überwiegenden öffentlichen Interesse" zulässig. Das Sozialstaatsprinzip nimmt also als Wertungsgesichtspunkt an der Güterabwägung teil (S. 18). (Übrigens stehen diese Feststellungen in gewisser Weise im Widerspruch zu Bettermanns anti-geisteswissenschaftlicher These auf S. 25, grundrechtseinschränkende Gesetze seien nicht zum Schutz jedes höherwertigen Rechtsgutes zulässig. — Dabei hat Bettermann gewiß recht, wenn er alle gesetzlichen und dogmatischen Hilfsmittel ausschöpfen will, bevor er auf die reine Wertabwägung zurückgreift.)

[263] *BVerwGE* 2, 295 (300): „Es gehört ... zum Inbegriff der Grundrechte ..., daß sie nicht in Anspruch genommen werden dürfen, wenn dadurch die für den Bestand der Gemeinschaft notwendigen Rechtsgüter gefährdet werden; denn das Grundrecht setzt den Bestand der staatlichen Gemeinschaft voraus, durch die es gewährleistet ist. Solche Schranken sind dem Grundrecht immanent." Gegen die Kritik von *Bachof* (JZ 1957 S. 337) aufrechterhalten in *BVerwGE* 5, 153 (159). Seitdem *BVerfGE* 7, 377 (404 f., 408) praktisch ebenso entschieden hat, hat *Bachof* (Freiheit, wie FN 261) eingeräumt, daß der Rückgriff auf den sozialen Rechtsstaat mit Art. 2 I GG vereinbar sei. — Vgl. oben bei und in FN 150 und in FN 136, bes. deutlich *BVerfG* DÖV 1970, 708 (709). — Vgl. *BVerfGE* 12, 1 S. 4 (mißbräuchliche Glaubensabwerbung); — *OVG Koblenz* DVBl. 1966, 576 S. 579 (Film „Das Schweigen") und alle Fälle, in denen die Wesensgehaltgrenze eines konkreten Freiheitsrechts in Frage stand: *BVerfGE* 7, 377 S. 405, 408 f. (Berufsfreiheit); 17, 108 S. 117 f. (Körperliche Unversehrtheit: Hirnkammerluftfüllung) und 27, 344 S. 351 f. (Intimsphäre: Einsicht in Ehescheidungsakten). — Vgl. auch oben in FN 136.

heitsrechte erkannt ist. Der „allgemeine Gemeinschaftsvorbehalt" der Schrankentrias begrenzt auch diejenigen Grundrechte, denen im Grundgesetz kein ausdrücklicher Verfassungsvorbehalt zugunsten der Gesetzgebung beigefügt ist[264].

2. Der Inhalt der Schrankentrias

Die hier vertretene These, daß die Vermutung für den rechtsethischen Freiheitskern nur durch ein im Einzelfall vorrangiges, ebenfalls rechtsethisches Prinzip überwunden werden kann, läßt sich an Hand der in Frage kommenden Fallgruppen der Schrankentrias belegen. Bezüglich der Ermächtigung von Rechtsprechung und Exekutive ergibt sich dabei die gleiche Situation wie bei der Verwirklichung des rechtsethischen Freiheitsprinzips[265]. Grundsätzlich obliegt dem *Gesetzgeber* die Konkretisierung rechtsethischer Verfassungsprinzipien, und sie treten — als Schrankentrias ebenso wie als Freiheitssatz des Art. 2 I GG — dort zurück, wo die Verfassung den speziellen rechtsethischen Gehalt bereits abschließend konkretisiert hat. Das ist zu dem Bedenken zu sagen, daß die generelle Anwendung der Schrankentrias den differenzierten Grundrechtsschranken ihre freiheitsschützende Bedeutung nehmen würde, wobei z. B. an Art. 6 III, 9 II, 11 II und 13 III GG gedacht wird[266].

Nur da, wo mangels einer gesetzlichen Regelung ohne Berücksichtigung rechtsethischer Gehalte der Schrankentrias eine rechtlich schlechthin unerträgliche Situation entstehen würde und hinreichende Anhaltspunkte für eine nach den rechtsethischen Gemeinschaftsüberzeugungen gebotene Konkretisierung vorhanden sind, dürfen Rechtsprechung und Verwaltung die Schrankentrias verfassungsunmittelbar anwenden.

Bei der Abwägung, ob den Belangen der Schrankentrias im konkreten Fall aus zwingenden Gründen der Vorrang zukommt, ist der Kernbereich personaler Freiheit nicht isoliert zu betrachten. Er ist vielmehr im Interesse des Gemeinwohls, d. h. in einem höheren Eigeninteresse des Bürgers zu bewerten. Andererseits sind auch die Gemeinschaftsinteressen im Licht der Individualinteressen zu sehen. Die

---

[264] Das ist h. M. und ergibt sich aus der Immanenzlehre (vgl. oben FN 263) und bei jeder Anwendung des Art. 2 I GG. Vgl. z. B. *Dürig*, Grundgesetz (FN 3), Art. 2 I Rdnr. 69 und *v. Mangoldt/Klein*, Grundgesetz (FN 8), S. 176 f.

[265] Vgl. oben § 7, 1. — Vgl. zum folgenden in FN 346 und 348.

[266] Vgl. die Bedenken von *Karl Zeidler*, Zur Problematik von Art. 2 I GG, NJW 1954, 1068. — Mit der hier vorgetragenen Konstruktion sind die von *Lerche* (Übermaß, FN 5, S. 123 f.) gewünschten Vorteile einer differenzierten Anwendung der Polizeiklausel gewahrt.

§ 8 Die Bedeutung der Schrankentrias

Güterabwägung muß von einer wechselseitigen Begrenzung und Beeinflussung der Gesamt- und der Einzelinteressen ausgehen[267].

Wenden wir uns nun der verfassungsmäßigen Ordnung der Schrankentrias als einem alle einzelnen Freiheitsrechte begrenzenden rechtsethischen Prinzip zu. Aus dem gebietenden Charakter der Rechtsethik ergibt sich, daß z. B. die Strafrechtsnormen nur insoweit als vom Rechtsstaatsprinzip geforderte Grenzen des Kernbereichs der Freiheit gelten können, als sie unabdingbaren rechtsethischen Gemeinschaftsvorstellungen vom strafrechtlichen Schutz allgemein anerkannter Individual- und Gemeinschaftswerte dienen. Zutreffend nimmt *Dürig* dementsprechend diejenigen Verhaltensweisen vom Grundrechtsschutz aus, „die materiellrechtlich Kriminalunrecht sind, also sich im Bewußtsein der Rechtsgenossen als ‚crimen' darstellen"[268].

Die Schranke der verfassungsmäßigen Ordnung deckt im übrigen polizeiliches Handeln zur Aufrechterhaltung der öffentlichen Ordnung, soweit es für ein gedeihliches Zusammenleben der Menschen unerläßlich ist[269]. Mit dem bekannten Unterschied des Schutzes vor abstrakter

---

[267] Vgl. das Lüth-Urteil BVerfGE 7, 198 (209) zu Art. 5 II GG. — So *Bettermann* (Grenzen, FN 45, S. 19) speziell zur Anwendung der allgemeinen Polizeiklausel.
[268] *Dürig*, Grundgesetz (FN 3), Art. 2 I Rdnr. 76, vgl. auch Rdnr. 75 bis 79. — Vgl. *Nipperdey*, Entfaltung (FN 81), S. 818 f. mit Anm. 350 und S. 816; — unten in FN 348.
[269] *Dürig*, Grundgesetz (FN 3), Art. 2 I Rdnr. 81 ff. — Vgl. Art. 3 II Brem. Verf. und Art. 98 Bayer. Verf. in FN 136. — *Giese/Schunck*, Grundgesetz (FN 261), Art. 2 Anm. II 5: „Polizeigüter öffentliche Ordnung und Sicherheit." — *H. J. Wolff* (Verwaltungsrecht I, 1968, § 33 V a 2) sieht in der verfassungsmäßigen Ordnung u. a. das Verbot, „das gedeihliche menschliche Zusammenleben zu stören oder zu gefährden". — *Lerche* (Übermaß, FN 5, S. 117 ff.) spricht von der Mißbrauchsgrenze, die jedem Rechte eigen sei (S. 123) und behandelt vor allem die polizeirechtliche Störung, lehnt aber eine „einheitliche Generalnorm" ab (S. 123). Vgl. auch oben in FN 266. — *Bettermann* (Grenzen, FN 45, S. 19 f.) und oben bei FN 138.
Eine spezielle Ausformung der verfassungsmäßigen Ordnung im Sinne eines Verbotes ungerechtfertigter grundrechtlicher Privilegierungen gegenüber allgemeingültigen gesetzlichen Konkretisierungen der Schrankentrias hat neuerdings *Bettermann* mit der Ausdehnung der Schranken aus Art. 5 II GG und Art. 140 GG mit Art. 136 I, 137 III WV auf alle Religions-, Publikations- und Assoziationsfreiheiten, insbesondere auf Art. 5 III, 8 und 9 GG, herausgearbeitet (*Bettermann*, Grenzen, FN 45, S. 21 ff.).
Die Polizeiklausel bejahen im Rahmen des Art. 5 II GG: BGHZ 12, 197 (203); — *Maunz*, Staatsrecht (FN 154), § 15 IV 3 c: „wohl auch"; — *Schunck/De Clerck*, Staatsrecht (FN 261), S. 152; — *H. J. Wolff*, a.a.O., § 33 V b 7.
Der polizeiliche Schutz von Sicherheit und Ordnung zählt nicht zur verfassungsmäßigen Ordnung für: *Friedrich Klein*, Grundgesetz (FN 8), Art. 2 Anm. IV 2, S. 181 ff.; — OVG Koblenz DVBl. 1966, 576 (579).
Soweit das hier fragliche staatliche Handeln nicht durch die Landes-Polizeigesetze und Spezialgesetze gedeckt ist, gilt die allgemeine Polizeiklausel als lückenfüllendes Gewohnheitsrecht, dem Gesetzgeber gegenüber als Bestandteil der verfassungsmäßigen Ordnung.

und konkreter Gefahr[270] unterliegen der Normgeber und die ausführende Verwaltung hierbei den Grundsätzen der Bestimmtheit, Geeignetheit, Erforderlichkeit und Angemessenheit des Mittels[271].

Im Zeichen zunehmender staatlicher Sozialgestaltung läßt es sich im übrigen nicht leugnen, daß auch die Sozialstaatlichkeit dem Freiheitskern Grenzen setzen kann, wenn der Gesetzgeber neue rechtsethische Anschauungen über die Sozialpflichtigkeit des Bürgers konkretisiert[272]. Ein Beispiel mag die Eingrenzung des Grundeigentums durch Bausperren und Preisstop im Interesse der Städtebau- und Wirtschaftsförderung sein. Denkt man auch an die zunehmende Einführung von Zwangsversicherungen für Berufsgruppen[273], dann weiß man, daß soziale Reformen angesichts der Vermutung für den Freiheitskern nicht schon durch die Aufnahme in ein politisches Programm unabdingbar werden[274]. Stellt man — wie im Polizeirecht — mit Recht auf die Pflichtigkeit des Bürgers ab, so äußert sich darin der prinzipielle Vorrang des Freiheitskernschutzes, der nicht allein deshalb entfällt, weil die fragliche Sozialgestaltung wünschenswert erscheint. Die Anerkennung einer Pflichtigkeit setzt bei Berührung des Freiheitskerns voraus, daß die Reform unter dem Gesichtspunkt der Güterabwägung unabdingbar und die Freiheitsbegrenzung im Sinne der Grundsätze der Verhältnismäßigkeit zumutbar ist. Andererseits wird man dem

---

[270] Vgl. *BVerwG* NJW 1970, 1890 (1892).

[271] *Dürig* (Grundgesetz, FN 3, Art. 2 I Rdnr. 81) nennt „Bestimmtheit, Geeignetheit, Erforderlichkeit, Möglichkeit und Verhältnismäßigkeit". — Mit *H. J. Wolff* (Verwaltungsrecht III, 1967, § 128 V) ist im Text statt der als Oberbegriff üblich gewordenen „Verhältnismäßigkeit" die „Angemessenheit" eingesetzt worden.

[272] Vgl. Art. 3 II Brem.Verf. und Art. 98 Bayer.Verf. in FN 136. — *E. R. Huber* (Streit, FN 222, S. 136): unabdingbar gebotene gesetzliche „Wirtschafts- und Sozialreform"; vgl. auch FN 261. — Vgl. *Bettermann*, wie oben in FN 262; — *Erwin Stein*, Wandlung (FN 17), S. 525 f. (zu Art. 14 GG): Schrankengesetze bei überwiegendem öffentlichen Interesse auch zur Sozialgestaltung; — BVerfGE 7, 377 S. 404 f. (Apothekenurteil), wo für den Schutz „besonders wichtiger Gemeinschaftsgüter" auf das Prinzip des sozialen Rechtsstaats zurückgegriffen wird. — *Bachof* (wie FN 262) bestätigt dem Apothekenurteil, daß „auch die Schranken des Art. 2 I ... Konkretisierungen des Sozialstaatsprinzips" sind. — *Dürig* (Grundgesetz, FN 3, Art. 2 I Rdnr. 87) beschränkt seine „gesellschaftlich immanente" Grundrechtsschranke auf die Gefahrenabwehr und schließt die bloße Wohlfahrtsförderung aus. Das läßt sich mit dem Text vielleicht noch vereinbaren, weil das Unterbleiben als unabdingbar empfundener Sozialreformen eine Gefahr für das gedeihliche Zusammenleben in der Gemeinschaft bedeutet.

[273] Vgl. oben bei FN 129—132.

[274] *Nipperdey*, Entfaltung (FN 81), S. 819. — Deshalb beschränkt *Lerche* (Übermaß, FN 5, S. 300 mit S. 231 ff.) die Ermächtigung der Sozialstaatsklausel im Rahmen des Art. 2 I GG auf die „Beseitigung sozialer Mißstände". Die „Aufrichtung neuer sozialer Ordnungen" werde von Art. 2 I GG nicht gedeckt und benötige „verfassungskräftige Spezialstützen" (S. 233). — Vgl. dazu aber hier oben § 5, 2.

§ 8 Die Bedeutung der Schrankentrias

Gesetzgeber einen gewissen Gestaltungsspielraum einräumen müssen[275], ohne den es keine Fortentwicklung der Verfassung gibt.

Da die durch neue Gestaltung gekennzeichnete Sozialreform außerhalb des Bereichs der sehr viel leichter bestimmbaren polizeilichen Notwendigkeiten liegt[276], wird sie dagegen grundsätzlich keine Ermächtigung für Rechtsprechung und Verwaltung rechtfertigen können.

Die Einbeziehung des Sittengesetzes in die Schrankentrias bestätigt die Voraussetzung, daß der Freiheitskern nur durch zwingende Gegenpositionen eingegrenzt werden kann. Wollte man auf alle herrschenden ethischen Anschauungen abstellen, würde nicht nur deren Inhalt umstritten sein, sondern auch die Eigenständigkeit der Person in einem rechtlich unvertretbaren Maß eingeengt werden. Das würde auch dem Wesen der allgemeinen Ethik widersprechen, deren Sanktion in sozialem Druck[277], nicht aber in rechtlichem Zwang besteht. Im Rahmen einer Generalklausel zur Eingrenzung des Freiheitskerns kann nur der bereits dem Recht zuzurechnende Teil der Ethik relevant sein, nämlich die Rechtsethik[278]. Dazu gehört das Verbot des Rechtsmißbrauchs, in seiner stärksten Form „Schikaneverbot" genannt. Das Verbot des Rechtsmißbrauchs kann als verfassungsunmittelbare Grundrechtsschranke angesehen werden, die einer gesetzlichen Konkretisierung nicht bedarf[279]. Handelt es sich dagegen um selbständige Forderungen oder Verbote der Rechtsethik, so wird man wegen ihrer begrifflichen Unschärfe grundsätzlich gesetzliche Konkretisierungen verlangen müssen[280].

---

[275] So *Bettermann* (Grenzen, FN 45, S. 11) zur Sittengesetzschranke. — *Scheuner* (Pressefreiheit, FN 67, S. 39 f.) erinnert in diesem Sinne warnend an die Rspr. des am. Supreme Court auf wirtschaftlichem Gebiet (bes. Arbeitsrecht), die den sozialen Fortschritt gehemmt habe.

[276] Vgl. *meine* Staatsform (FN 53), S. 55 ff.

[277] *Heinrich Henkel*, Einführung (FN 199), § 16 II 3, S. 134.

[278] Vgl. oben bei FN 94 ff. und die Zitate in FN 261 bis 263. — Vgl. *Dürig* wie in FN 262, a.a.O., Rdnr. 18 unter cc und Rdnr. 74 mit Rdnr. 16. — *H. J. Wolff* (Verwaltungsrecht I, 1968, § 33 V a 2) zum Sittengesetz: „die sich aus dem Rechtsprinzip" (vgl. dazu in FN 262) „und den herrschenden Wertvorstellungen ergebenden Mindestanforderungen an die Achtung fremder Interessen...". — *v. Mangoldt* im Grundsatzausschuß (Entstehungsgeschichte, FN 92, S. 57): „In den Rechtsnormen selbst könne ihr sittlicher Gehalt nur selten richtig zum Ausdruck gebracht werden. Bei einem Hinweis auf die verfassungsmäßige Ordnung würde einer positivistischen Auslegung Vorschub geleistet, deshalb sei ohne einen Hinweis auf das ‚ethische Grundgesetz' nicht auszukommen."

[279] *Bettermann* (Grenzen, FN 45, S. 10 f.) kennzeichnet den rechtsethischen Gehalt des Mißbrauchsverbotes, indem er es einen allgemeinen Rechtsgrundsatz nennt (S. 12). Er stellt das Mißbrauchsverbot allerdings *neben* die Sittengesetz-Schranke. — Wie im Text offenbar *Dürig*, Grundgesetz (FN 3), Art. 2 I Rdnr. 74.

[280] Auch *Dürig* (Grundgesetz, FN 3, Art. 2 I Rdnr. 16) geht bei seiner unmittelbaren Anwendung der allgemeinen Sittengesetzschranke von einer

2. Teil: Konsequenzen der Freiheitskerntheorie

Schließlich kann der Staat den Freiheitskern angesichts der grundsätzlichen Gleichwertigkeit der Rechte der Bürger sicher auch nur dann zugunsten anderer, und zwar auch nur durch Gesetz begrenzen, wenn das der Schutz der Rechte anderer gegen Verletzung gebietet. Exekutive Eingriffe müssen durch die Polizeiklausel gedeckt sein[281].

Setzen sich die Belange der Schrankentrias gegenüber dem bei isolierter Betrachtung im Wege stehenden Kernbereich personaler Freiheit durch, so wird die Grenze des Grundrechtskerns verschoben[282]. Theoretisch wird der Kernbereich personaler Freiheit einschließlich des Wesensgehalts der Freiheitsrechte vom Gesetzgeber nicht angetastet, weil von vornherein nicht zum *gesetzesfesten* Kernbereich der Freiheit gehört, was gegen die Schrankentrias verstößt[283]. Praktisch wird die geschichtlich und situationsbedingt variable Grenze des Freiheitskerns jedesmal neu konkretisiert. Diese Überlegungen gelten entsprechend für die Begrenzung des *verwaltungsfesten* Grundrechtsbereichs durch den verfassungsunmittelbaren Gehalt der Schrankentrias.

---

gesetzlichen Konkretisierung aus. — *Bettermann* (Grenzen, FN 45, S. 11) zählt das fordernde oder verbietende Sittengesetz zur Sittengesetz-Schranke und sieht in ihr eine Rechtfertigung gesetzlicher Grundrechtsbeschränkungen. Wie er den sittlichen Maßstab methodisch erfassen will, bleibt allerdings offen, da er der geisteswissenschaftlichen Methode pauschal „die Subjektivität von Werturteilen" unterstellt (S. 25). — Darüber hinaus hält *Bettermann* das Sittengesetz für eine verfassungsunmittelbare Grundrechtsschranke, da sich niemand „zur Rechtfertigung sittenwidrigen Verhaltens" oder bei sittenwidriger Grundrechtsausübung auf ein Grundrecht berufen dürfe. Abgesehen vom Rechtsmißbrauch würde ich hier vorsichtig sein und etwa nur *F. Kleins* immanente sachliche Gewährleistungsschranken in Betracht ziehen (Grundgesetz, FN 8, S. 124). — *H. J. Wolff* (Verwaltungsrecht I, 1968, § 33 V a 2) will auch nicht positivierte Wertvorstellungen über Anstand und Moral einbeziehen. Diese sollten m. E. nur insoweit anerkannt werden, wie sie ein polizeiliches Handeln rechtfertigen.

[281] Vgl. *Bettermann* (Grenzen, FN 45, S. 10), der etwas weitgehend „legislative, exekutive und judikative Maßnahmen zur Wiederherstellung der verletzten Rechte Dritter" durch die Schranke der Rechte anderer gedeckt sieht.

[282] So ganz deutlich: *BVerwGE* 2, 295 (300); — *BVerfG* DÖV 1970, 708 (709): Grundrechtsnorm wird „zurückgedrängt". — Vgl. *Wernicke* in Bonner Kommentar (FN 30), Art. 2 II c. — Nur so kann die Äußerung verstanden werden, im übergeordneten Interesse der Gemeinschaft dürfe selbst der Wesensgehalt eines Grundrechts angetastet werden: *BVerwGE* 2, 89 S. 93 f. (Prozeßagentenurteil). — Sachlich auch nicht anders gemeint: *BGHSt* 4, 375 (377). — Vgl. oben bei und in FN 136 bis 138.

[283] Vgl. *BVerfGE* 4, 7 (15); — *Bachof*, JZ 1957, S. 337 f.; — *W. Geiger*, Grundrechte (FN 261), S. 25; — *H. J. Wolff*, Verwaltungsrecht I, 1968, § 33 V a 2; — *Maunz*, Staatsrecht (FN 154), § 15 I 2: „Ermächtigung des Gesetzgebers zu deklaratorischer Interpretation verfassungsmäßig bereits bestehender Grundrechtsschranken" oder „Verfassungsvorbehalt zur Interpretation immanenter Grundrechtsschranken", worauf sich *Dürig* bezieht: Grundgesetz (FN 3), Art. 2 I Rdnr. 72 a. E. — Besonders deutlich wird das immer wieder zur polizeilichen Grundrechtsbegrenzung betont: *Dürig*, a.a.O., Rdnr. 82 a. E.; — *BGHZ* 12, 197 (203).

§ 8 Die Bedeutung der Schrankentrias

Die hier vorgeschlagene Lösung hat zwei Vorteile. Erstens bedarf sie keiner überverfassungsgesetzlichen Begründung[284], weil sie die Schrankentrias des Art. 2 I GG als „allgemeinen Gemeinschaftsvorbehalt" aller Freiheitsgrundrechte behandeln kann. Zweitens wird die dogmatisch kaum haltbare Konsequenz vermieden, der gleichen verfassungsrechtlichen Bestimmung in zwei verschiedenen Anwendungsbereichen eine verschiedene Bedeutung zu unterstellen, obwohl es im Grunde um vergleichbare rechtliche Situationen gehen muß, wenn die Übertragung von dem einen auf das andere Anwendungsgebiet gerechtfertigt sein soll.

---

[284] Das Unbehagen darüber ist weit verbreitet: Vgl. z. B. *Dürig*, Grundgesetz (FN 3), Art. 2 I, Rdnr. 70 unter d; — *H. J. Wolff*, Verwaltungsrecht I, 1968, § 33 V a 2; — *Wehrhahn*, Vorfragen (FN 81), S. 274; — *Wertenbruch*, Grundrechtsbegriff (FN 81), S. 481; — *Lerche*, Übermaß (FN 5), S. 281 ff.

Dritter Teil

Zur Geschichte des Freiheitssatzes

§ 9 Die Entwicklung bis zum Beginn des 19. Jahrhunderts

1. Einleitung

Das Ergebnis der rechtstheoretischen und hermeneutischen Überlegungen wird durch die geschichtliche Entwicklung des Freiheitssatzes und der Freiheitsrechte bestätigt. Die jüngere deutsche Staatsrechtslehre ist allerdings durch positivistische und liberalistische Epochen aus der Bahn der naturrechtlichen Überlieferung geworfen worden, einer Tradition, die in England konservativ und in den U.S.A. evolutionär aufrechterhalten worden ist. Das ganze Dilemma des deutschen Verhältnisses zum Naturrecht zeigt sich in *Georg Jellineks* Kritik am Liberalismus: Die verwaltungsrechtlichen Abwehrrechte seien mit dem „großen Fehler des Naturrechts" belastet, „daß es den tatsächlichen Zustand der Freiheit als ein Recht auffaßte und diesem Rechte eine höhere, den Staat ... beschränkende Macht zuerkannte"[285]. So richtig diese Kritik an der natürlichen Freiheit als einer persönlichen Rechtsstellung ist (vgl. oben § 3), so folgenschwer hat G. Jellineks mangelndes Verständnis für die rechtsethische Beschränkung des Staats durch überpositives Recht gewirkt[286]. Hier aber liegt die geschichtliche Bedeutung des Freiheitssatzes. Um dessen Entwicklung und Geltungsbereich schärfer erfassen zu können, muß man die Entwicklung der konkreten Freiheitsrechte im Auge behalten, die vor der amerikanischen und der französischen Revolution ziemlich unproblematisch war.

2. Konkrete Freiheiten als positive Rechte

Der Vorläufer des Schutzes spezieller Freiheitsrechte gegen den Staat war im Deutschland des 18. Jahrhunderts die Durchsetzung wohlerworbener Rechte gegen Eingriffe der Landesherren, weswegen die

---

[285] *Georg Jellinek,* Erklärung (FN 216), S. 76.

[286] In *G. Jellineks* Allgemeiner Staatslehre spielen überpositive Rechtsüberzeugungen nur eine sozialpsychische und damit rechtssoziologische Rolle. Vgl. *meine* Staatsform (FN 53), S. 20 f.

§ 9 Die Entwicklung bis zum Beginn des 19. Jahrhunderts

Reichsgerichte angerufen werden konnten[287]. Vielfach eröffneten die Landesherren in den fraglichen Angelegenheiten auch den Zugang zu den Landesgerichten. Gegen Ende des alten Reiches war es fast allgemeine Rechtsüberzeugung, daß diese sog. Justizsachen vor die Reichs- oder Landesgerichte gehörten[288]. Als wohlerworbenes Recht sah *Pütter* dasjenige an, „was ein jeder an besonderen Gütern oder Gerechtsamen als sein rechtmäßig erworbenes Eigenthum (ius quaesitum) sich zuzueignen berechtigt ist"[289]. Dabei mußten die wohlerworbenen Rechte dem gemeinen Besten weichen, soweit es zur Abwehr von Gefahren erforderlich war, etwa zum Bau von Militäranlagen und Deichen oder soweit der Nutzen des gemeinen Wesens in Frage stand. In allen diesen Fällen war der Eigentümer schadlos zu halten[290]. Als wohlerworbenes Recht galt auch die althergebrachte Freiheit von nicht ausdrücklich zugestandenen oder herkömmlichen Abgaben[291].

Wenn man von rechtlich geschützter Freiheit sprach, dann meinte man den Freiheitsraum innerhalb konkreter Rechtspositionen, etwa im Rahmen des Eigentums „die Freyheit, nach Willkühr zu bauen"[292]. In diesem Sinne sagte *Pütter*,

„daß selbst die höchste Gewalt nicht berechtigt ist, jemandem sein Eigenthum oder wohl erworbenes Recht zu nehmen, als dessen Erhaltung und Sicherheit eine der ersten Triebfedern ist, welche Menschen aus ihrer natürlichen Freyheit in bürgerliche Gesellschaften sich zu begeben bewogen hat, ... Wenn in solchem Verstande der Engelländer liberty und property für unverletzliche Heiligthümer hält; so kann man auch in jedem andern Staate eben die Sprache führen"[293].

---

[287] Vgl. *Rüfner*, Verwaltungsrechtsschutz in Preußen von 1749 bis 1842 (1962), S. 27 ff.; — *v. Berg*, Handbuch des Teutschen Policeyrechts, 1. Theil, 1799, S. 165 ff.; — *v. Bülow/Hagemann*, Practische Erörterungen aus allen Theilen der Rechtsgelehrsamkeit, 4. Bd. 1804, S. 141 mit 139; — *Stier-Somlo*, Art. „Verwaltungsgerichtsbarkeit", in: Stier-Somlo/Elster, Handwörterbuch der Rechtswissenschaft, VI. Bd. 1929, S. 607 ff. (608). — Vgl. für das Mittelalter: O. v. *Gierke*, Althusius (FN 94), S. 270 f., 294 f.

[288] *Bullinger*, Vertrag und Verwaltungsakt, 1962, S. 210, vgl. auch S. 204 bis 219.

[289] *Pütter*, Beyträge zum Teutschen Staats- und Fürsten-Rechte, 1777, S. 355, ähnlich S. 361. — Vgl. *Magerl*, Verwaltungsrechtsschutz in Württemberg in der Zeit von 1760—1850 (1965), S. 32 f., 38: geschützt waren iura quaesita.

[290] *Pütter*, a.a.O., S. 357 f.

[291] *Moser*, Neues Teutsches Staatsrecht, Bd. XVI, Teil 4, 1773, S. 6 bis 15; — *Rüfner*, Verwaltungsrechtsschutz (FN 287), S. 38.

[292] *Pütter*, Beyträge (FN 289), S. 352 f.

[293] *Pütter*, Beyträge (FN 289), S. 362.

3. Teil: Zur Geschichte des Freiheitssatzes

Hier ist also der Begriff der „natürlichen Freiheit" im Sinne *Rousseaus* im Gegensatz zu (konkreten) rechtlichen Freiheitspositionen[294] benutzt worden. Das gleiche tat *Neurath*, indem er die natürliche Freiheit von der nicht beschränkbaren Freiheit unterschied:

„Soweit der Inhaber der gesamten Herrschaft ihn beschränken kann, gewährt auch der Gebrauch der natürlichen Freiheit kein sozusagen persönliches Recht oder ein vollkommenes und unwiderrufliches Recht. Der Besitz der Freiheit aus Gnade, ohne Titel, auf widerrufliche Zustimmung, hat keine Wirkung gegen den Fürsten. Es ist daher ein zufälliger Vorteil," (heute würden wir sagen: eine bloße Chance, ein Rechtsreflex) „kein Recht, was die Untertanen erhalten haben ...[295]."

Nach *v. Bülow/Hagemann* wandelte sich eine ursprüngliche Polizeisache in eine Justizsache um, wenn sich jemand „nicht blos auf die natürliche Freiheit, sondern auf ... wohlerworbene Rechte" bezog[296].

Daß es im 18. Jahrhundert in Deutschland keinen Rechtsschutz für ein allgemeines Freiheitsrecht gab, bestätigte *v. Berg*, indem er zugestand, seine abweichende Ansicht entspreche nicht der herrschenden Meinung[297]. Im übrigen blieb er trotz seiner Forderung, neben den wohlerworbenen Rechten auch der „natürlichen Freiheit" Rechtsschutz

---

[294] Vgl. zum englischen Begriff „Liberty" unten bei FN 314 und in FN 316. — Unter Berücksichtigung der englischen Rechtsauffassung kann man *Rüfners* Annahme nicht folgen, Pütter habe sich mit der zitierten Stelle für ein Recht ausgesprochen, ungerechtfertigte Eingriffe in die natürliche Freiheit als solche vor Gericht rügen zu dürfen (vgl. *Rüfner*, Verwaltungsrechtsschutz, FN 287, S. 40). Im übrigen heißt es bei *Pütter*, Institutiones iuris publici germanici, 1770, lib. III cap. I, § 119, eindeutig: „IUS QUAESITUM (i. e. ni fallor, quod, speciali titulo adquisitum, non ex sola libertate naturali obtinet,); ...." Vgl. dazu auch *Forsthoff*, Lehrbuch (FN 23), § 2, S. 22.

[295] *Neurath*, Dissertatio ... de cognitione et potestate iudiciaria in causis quae politiae nomine veniunt, 1780, S. 17: „Nec usus libertatis naturalis, quatenus ab illo, qui regimine universi gaudet, restringi potest, ius proprie sic dictum, sive ius perfectum et irrevocabile tribuit. Possessio libertatis ex indulgentia, non titulata, ad nutum revocabilis, effectu contra Principem caret. Commodum accidentale, non iuris est, quod subditi ideo perceperunt ..." (Originaltext zitiert nach *Rüfner*, a.a.O., S. 41, der bemerkt, daß der Text sich auf die Gerichtsbarkeit der Reichsgerichte beziehe).

[296] *v. Bülow/Hagemann*, Erörterungen (FN 287), S. 138 f. bezüglich der Zuständigkeit der Landesgerichte hinsichtlich der Tätigkeit unterer Landesbehörden. Ebenso S. 139 FN 141 bezüglich der Anrufung der Reichsgerichte gegen Akte des Landesherrn oder der Landesregierung. — Im Sinne des Zitats auch: *Häberlin*, Handbuch des Teutschen Staatsrechts, 2. Bd., Berlin 1794, § 299, S. 467 f., und zwar bezüglich der Klagen gegen den Landesfürsten vor den Landesgerichten.

[297] *v. Berg* (Handbuch FN 287), S. 158 f.: „... als wenn das aus dem Staatsvertrage fließende Recht, sich gegen die natürliche Freyheit nur dann bestimmen zu lassen, wenn der Staatszweck es wirklich erfordert, nicht ebenso gut zu dem Unsrigen gehöre als unsre Häuser und unsere Äker!"

§ 9 Die Entwicklung bis zum Beginn des 19. Jahrhunderts

zu gewähren, durchaus im Rahmen herrschender Rechtsüberzeugungen. Seine Beispiele betrafen den Schutz konkreter Freiheitsrechte (gegen die Einführung von Monopolen oder Bann-Gewerben, gegen das Verbot der Auswanderung und die zwangsweise Umsiedlung) und stimmten mit der Rechtsprechung der Reichsgerichte überein[298]. Daß sich aus naturrechtlichen Freiheitsvorstellungen spezielle Freiheitsrechte ableiten lassen, ist übrigens auch nichts Neues. Im Württemberg der Zeit von 1760—1805 wurde „die natürliche Freiheit" z. B. „wie ein sonstiges wohlerworbenes Recht behandelt, wenn es sich um eine langdauernde Ausnahme von einer allgemeinen Pflichtigkeit handelte"[299].

Der dargelegte Rechtszustand, der sich erst mit dem Ende des Deutschen Reiches im Jahre 1806 änderte, ist von besonderem Interesse, weil er für eine Zeit festzustellen ist, in der in dem geschilderten Umfang eine echte gerichtliche Verwaltungsrechtspflege möglich war[300] und in der das Naturrecht in Deutschland hoch in Blüte stand[301].

3. Rights and liberties als Ausformungen ethischer Vernunft

Die Überzeugung, der Schutz wohlerworbener Rechte oder althergebrachter Freiheiten entspreche der englischen Vorstellung von der Unverletzlichkeit der Freiheit und des Eigentums, weist auf die gemeinsame abendländische Wurzel des deutschen rationalen Naturrechts und des angelsächsischen Rechtsdenkens hin[302]. Beide stimmen auch darin überein, daß Recht und Gesetz ihrem Wesen nach vernünftig und gerecht seien. Deshalb mache es frei, Gesetzen statt Menschen gehorchen zu müssen[303].

---

[298] *v. Berg*, a.a.O., S. 159 ff.; — *Rüfner*, Verwaltungsrechtsschutz (FN 287), S. 35 f.

[299] *Magerl*, Verwaltungsrechtsschutz (FN 289), S. 43. — Das ist der typische Fall der Entstehung von Gewohnheitsrecht: Von Rechtsüberzeugung begleitete ständige Übung.

[300] Bis 1806 galt die Fiskustheorie noch nicht: *Magerl*, a.a.O., S. 255, vgl. S. 102; — *Bullinger*, Vertrag (FN 288), S. 204 bis 219; — *Rüfner*, Verwaltungsrechtsschutz (FN 287), S. 172 ff.: Im Preußen des 18. Jh. war Abwehrklage gegen Anordnungen der landesherrlichen Beamten zulässig. Gegen Ausübung des ius eminens seitens des Landesherrn gab es landesrechtlich allerdings nur eine Entschädigungsklage.

[301] Vgl. *G. Jellinek*, Erklärung (FN 216), S. 62 f., und Staatslehre (FN 213), S. 217; — speziell zur Staatsvertragstheorie vgl. die Nachweise bei *Rüfner*, Verwaltungsrechtsschutz (FN 287), S. 39 Anm. 70. — Es sei nur an das Wirken *Christian Wolffs* erinnert und an die berühmten sog. naturrechtlichen Kodifikationen: preuß. ALR (1794), österr. ABGB (1811) und franz. Code civil (1804).

[302] *Loewenstein* (Staatsrecht und Staatspraxis von Großbritannien, Bd. I und II, Berlin.../New York 1967, I S. 5 und S. 262) bezeichnet die Magna Carta als „die Wiege englischer und damit abendländischer Freiheit".

[303] So *Nicolaus Cusanus* wie vor ihm schon *Cicero*. Vgl. *meine* Staatsform

3. Teil: Zur Geschichte des Freiheitssatzes

In einer geistesgeschichtlichen Situation, in der man Recht und Gesetz für die Vermittler ethischer Vernunft hielt[304], fiel die Berufung auf das Recht mit der Berufung auf die vernunftrechtliche Freiheit des Naturrechts zusammen. Diese war ja nicht bindungslos. Im Sinne *Lockes* sah man vielmehr das Wesen der rechtlichen und naturrechtlichen Freiheit nicht darin, zu leben wie es einem gefällt, sondern im Rahmen der Regeln des Rechts oder Naturrechts, das nicht Verbotene tun zu dürfen statt der Willkür anderer ausgeliefert zu sein[305]. Da *Pufendorf* sich im gleichen Zusammenhang auf *Plutarchs* Ausspruch berief:

„Nur diejenigen, die der Vernunft gehorchen, sind wert, für frei gehalten zu werden[306]",

ist auch hier die abendländische Tradition deutlich.

Auf diesem Hintergrund versteht man, daß Rechte und Freiheiten in den berühmten englischen Freiheitsdokumenten als gleichwertig behandelt wurden. So ist es kein Widerspruch, daß Coke die „Carta Baronum" von 1215 „nur eine Bestätigung oder Wiederherstellung des common law" nannte und zugleich darauf hinwies, sie werde als „Charta Libertatum" bezeichnet[307]. Diese Zusammenschau setzte sich in der Petition of Right von 1628 fort, die Coke durch seinen Entwurf

---

(FN 53), S. 140 f. — *Edward Coke*, The Institutes of the Laws of England (1628), I. und II. Teil; I 81 a: "And well may the lawes of England be called Libertates, quia Liberos faciunt." Ebenso, a.a.O., II 3. — a.a.O., II 47, erläutert Coke den Ausdruck „Liberis consuetudibus" in der Magna Carta: "And liberis is added, for that the customes of England bring a freedome with them."

[304] Nach *Coke* war das englische Recht („Law of England") von einem Gewohnheitsrecht, dem common law, durchdrungen. Dieses wurde wiederum von der „kollektiven Vernunft des englischen Juristenstandes" getragen, wie *Radbruch* (Der Geist des englischen Rechts, 1946, S. 55) Cokes Ausführungen zusammengefaßt hat. *Coke* nannte das common law „nichts anderes als Vernunft" (Institutes, FN 303, I 97 b). — *Radbruch*, a.a.O., S. 45: Coke hat seine „autoritative Bedeutung" bis heute bewahrt. — *Bohatec*, Die Vorgeschichte der Menschen- und Bürgerrechte in der englischen Publizistik der ersten Hälfte des 17. Jahrhunderts, in: Otto Weber (Hrsg.), England und die Geschichte der Menschen- und Bürgerrechte, 1956, S. 13 ff. (21 Anm. 67): Cokes Institutes galten als das Standardwerk der englischen Jurisprudenz seiner Zeit.

[305] *Locke*, Two Treatises of Government (1690), hrsg. von Peter Laslett, 1960, Neudruck Cambridge 1964, II § 23. *Locke* läßt die Freiheit des Naturzustandes durch ein Naturrecht gebunden sein, das Leben, Freiheit und Eigentum der Mitmenschen zu achten gebietet (a.a.O., II §§ 4 und 6).

[306] *Pufendorf*, De Jure Naturae et Gentium Libri Octo (1672), Reproduktion der Ausgabe von 1688, in: James B. Scott (Hrsg.), The Classics of International Law, Oxford/London 1934, II § 8 a. E. Im Anschluß an das Plutarch-Zitat faßt *Pufendorf* zusammen, „libertatem hominis naturalem ... semper cum vinculo aliquo, sanae rationis nimirum, et legis naturalis, esse intelligendam".

[307] *Coke*, Institutes (FN 303), I 81 a; vgl. auch 115 b.

mitgestaltete[308] und als Zweig der Magna Carta charakterisierte[309]. In Kapitel 11 der Petition berief man sich zusammenfassend auf die „rights and liberties, according to the laws and statutes of the realm", und es bestand kein Zweifel daran, daß die Petition eine „Bestätigung altehrwürdiger Freiheiten und Rechte der Untertanen" war[310].

Wenn Coke Leben, Freiheit und Mitgift als vom Recht begünstigt bezeichnete[311] und daraus ein „argument of right"[312] zu dessen Auslegung[313] machte, dann ging es bei der Freiheit um die Freiheit von Gefangenschaft[314]. Diese Freiheit war schon das große Thema des noch heute als englischer Rechtsgrundsatz geltenden[315] Kapitels 39 der Magna Carta[316].

Im Jahre 1689 bat das Parlament den von ihm neu gewählten König, mit der Gesetzessanktion der Bill of Rights zu erklären, „daß alle und jede in dieser Deklaration geforderten und beanspruchten Rechte und Freiheiten wahre, alte und zweifellose Rechte und Freiheiten des Volkes dieses Königreiches sind"[317].

Die für das naturrechtliche, vor allem aber für das angelsächsische Rechtsdenken typische Verschmelzung von ethischen und rechtlichen Elementen[318] äußerte sich darin, daß die Forderung nach Gerechtigkeit

---

[308] *Bohatec*, Vorgeschichte (FN 304), S. 15.
[309] Kap. 3 der Petition (vgl. *Günther Franz*, Hrsg., Staatsverfassungen, 1950, S. 252 ff.) bezieht sich ausdrücklich auf Kap. 39 der Magna Carta, das insbesondere Verhaftung und Besitzentziehung nur gemäß dem geltenden Recht zuläßt (vgl. *Franz*, a.a.O., S. 250).
[310] Ausspruch des Staatsanwalts von Heath, zit. bei *Relf*, The Petition of Right, Minnesota 1917, S. 56; — vgl. auch *Bohatec*, Vorgeschichte (FN 304), S. 18.
[311] *Coke*, Institutes (FN 303), I 124 b.
[312] *Coke*, a.a.O., II 118.
[313] *Coke*, a.a.O., II 115.
[314] *Coke*, a.a.O., II 42, 46 und 115.
[315] Vgl. *Loewenstein*, Staatsrecht (FN 302), I S. 5 und II S. 262.
[316] „Kein freier Mensch soll ergriffen, gefangengenommen, aus seinem Besitz vertrieben, verbannt oder in irgendeiner Weise zugrunde gerichtet werden ..., es sei denn auf Grund eines rechtmäßigen Urteils" („legale judicium") „seiner Standesgenossen und gemäß dem Recht des Landes" („lex terrae"). Vgl. den lat. Urtext bei *Franz*, Staatsverfassungen (FN 309), S. 250 und die Übersetzungen, a.a.O., S. 251 und bei *Loewenstein*, Staatsrecht II (FN 302), S. 262 f.
[317] Kap. VI der Bill of Rights von 1689 (vgl. *Franz*, Staatsverfassungen, FN 309, S. 260 ff.).
[318] Für das angelsächsische Rechtsdenken vgl. FN 304. — Vgl. *James Otis* (A Vindication of the British Colonies against the aspersions of the Halifax Gentleman, Boston 1765, S. 8, zit. nach *Vossler*, Studien zur Erklärung der Menschenrechte, Historische Zeitschrift Bd. 142, 1930, S. 516 ff., S. 536 Anm. 33): "The natural absolute personal rigths of individuals, are so far from being opposed to political or civil rights, that they are the very basis of all municipal laws of any great value." — Vgl. *Vossler*, a.a.O., S. 534 f. Vossler

86 3. Teil: Zur Geschichte des Freiheitssatzes

und das Verbot des Rechtsmißbrauchs mit ihren Verweisungen auf rechtsethische Maßstäbe als Bestandteil des positiven Rechts betrachtet wurden. Nach *Locke* war das Landesrecht an Hand des Naturrechts zu regulieren und zu interpretieren[319]. So versprach der König im Kapitel 40 der Magna Carta: „Wir werden niemandem Recht oder Gerechtigkeit verkaufen, verweigern oder verzögern", und im Kapitel I der Bill of Rights von 1689 wurde das Verbot übermäßiger Kautionen und Strafen als „Recht und Freiheit" in Anspruch genommen. Im gleichen Sinn fiel in Deutschland die Klage gegen unrechtmäßige, insbesondere sachlich nicht gerechtfertigte oder unmäßig hohe Steuern[320] unter den Schutz wohlerworbener Rechte[321].

4. Die ethische Legitimation der Revolution

Die Überzeugung, daß positives Recht nur so lange den Anspruch habe, als Recht anerkannt zu werden, wie es nicht in einem unerträglichen Widerspruch zu ethischen Forderungen gerate, führte notwendig zur Annahme, daß der Landeshoheit auch unabhängig von der Einbeziehung vernunftrechtlicher Grundsätze ins geltende Recht Grenzen gesetzt seien[322]. Ist die Rechtsgemeinschaft davon überzeugt, daß Regierung und Recht dem Gemeinwohl verpflichtet sind, so muß das Verlangen nach einer nicht rechtsförmlichen Abhilfe gegen Tyrannei und Maßlosigkeit um so stärker sein, je weniger Wissenschaft und Rechtsprechung im Rahmen des Rechts befugt sind, der Ungerechtigkeit zu wehren. Die Idee des Widerstandsrechts, ein alter Bestandteil der germanisch-mittelalterlichen Staatsanschauung[323], wurde vom rationalen Naturrecht mit der Lehre vom Gesellschaftsvertrag wieder aufgenom-

---

versteht unter Naturrecht ein absolutes Recht, das inhaltlich den Bereich umfaßt, den ich der Rechtsethik zuordne: vgl. *meine* Staatsform (FN 53), S. 53 bis 58 und hier oben bei FN 94 ff. — *Mokre*, Die Idee der Menschenrechte und ihre Verwirklichung, ARSP NF Nr. 3 (1964) Beiheft Nr. 40, S. 63 ff. (63): Das Naturrecht ist ein Teil der Ethik.

[319] *Locke*, Treatises (FN 305), II § 13: "... Municipal Laws of Countries, which are only so far right, as they are founded on the Law of Nature, by which they are to be regulated and interpreted." — Vgl. zur Auslegung des englischen Rechts: *Coke*, Institutes (FN 303), I 112 und hier in FN 304. — Wie Locke: *O. v. Gierke* (Althusius, FN 94, S. 278 f.) für das deutsche Mittelalter. Vgl. auch in FN 94.

[320] *Moser*, Staatsrecht XVI 4 (FN 291), S. 434 ff., bes. S. 436; — vgl. *Leist*, Lehrbuch des Teutschen Staatsrechts, Göttingen 1803, S. 617.

[321] *Pütter*, Beyträge (FN 289), S. 355 ff.

[322] *Pütter*, Beyträge (FN 289), S. 352: Deren Bestimmung sei „von desto größerer Erheblichkeit ..., je unerträglicher die Folgen" ihrer Überschreitung seien.

[323] Lit. in *meiner* Staatsform (FN 53), S. 142 Anm. 14. — Vgl. auch *O. v. Gierke*, Althusius (FN 94), S. 276.

§ 9 Die Entwicklung bis zum Beginn des 19. Jahrhunderts

men. Den ohne Rücksicht auf das gemeine Beste willkürlich herrschenden Regenten belegte man im 18. Jahrhundert in Deutschland mit dem verhaßten Namen eines Tyrannen und Despoten, so daß selbst ein Tyrann der Maske des wohlgesinnten Regenten nicht entraten zu können glaubte[324].

Svarez sagte in den Kronprinzenvorträgen (1791/2), der Zeitpunkt der Revolution sei gekommen, wenn die Gesetzgebung einen Grad der Verderbnis erreicht habe, „wo es dem gemeinen und gesunden Menschenverstande sofort in die Augen fällt, daß die Verordnungen des Staates offenbar nicht mehr durch den Zweck des allgemeinen Wohls bestimmt werden"[325].

Hundert Jahre zuvor hatte *Locke* bereits als naturrechtliche Lehre vertreten, daß man einer Regierung Widerstand leisten dürfe, wenn sie einen Vertrauensbruch begehe, d. h. nicht den Zweck aller Regierung verfolge, nämlich das öffentliche Wohl und die Erhaltung der Rechtsgüter[326]. Habe die Regierung ihre Autorität verwirkt, so trete ein Heimfall der höchsten Gewalt an die Gesellschaft ein: Sie habe nun wieder das Recht, Gesetze, auch neue Verfassungsgesetze, zu geben und eine neue Regierung einzusetzen[327].

Im Zusammenhang mit ihrer Unabhängigkeitserklärung vom 4. Juli 1776 bezogen sich die Amerikaner auf *Locke*[328]. In der Erklärung wurde unter Berufung auf Naturrecht und Gott „the Right of the People" in Anspruch genommen, eine Regierung abzuschaffen, welche die unveräußerlichen Rechte der gleich geborenen Menschen untergräbt. Als Menschenrechte wurden „Life, Liberty and the pursuit of Happiness" genannt und als Gestaltungsprinzip der neuen Verfassung die Wahrscheinlichkeit, Sicherheit und Glück zu bewirken[329].

Damit ist klargestellt, daß das „Recht" eines Volkes zur Revolution etwas grundlegend anderes ist als das geltende Recht, als die „Rechte und Freiheiten", auf die man sich 1215, 1628 und 1689 in England be-

---

[324] *Pütter*, Beyträge (FN 289), S. 320 f.
[325] *Svarez*, Vorträge über Recht und Staat, hrsg. von Conrad/Kleinheyer, 1960, S. 587 f.
[326] *Locke*, Treatises (FN 305), II § 239: "... That a King may be resisted, and ceases to be a King. ... The breach of trust, in not preserving the Form of Government agreed on, and in not intending the end of Government it self, which is the publick good and preservation of Property. When a King has Dethron'd himself, and put himself in a state of War with his People, what shall hinder them from prosecuting him who is no King, ..."
[327] *Locke*, a.a.O., II § 243; speziell zum Versagen des Gesetzgebers: II 222.
[328] *Hashagen*, Zur Entstehungsgeschichte der nordamerikanischen Erklärungen der Menschenrechte, ZgesStW 78 (1924), S. 461 ff. (486).
[329] Vgl. *Thorpe* (Hrsg.), The federal and state constitutions ..., Washington 1909, Bd. I, S. 3. Übersetzung bei *G. Jellinek*, Erklärung (FN 216), S. 10 f.

rufen hatte[330]. Gegen eine Regierung, die den Gesellschaftsvertrag gebrochen hat und deren Rechtsordnung man als ungerecht empfindet, kann man sich nicht mehr auf geltendes Recht stützen. *Dieses* (geltende) Recht hat sich ja gerade der vom Vernunftrecht geforderten Evolution verschlossen, d. h. einer Erneuerung im geordneten und von der zu ändernden Ordnung selbst vorgesehenen Verfahren.

Die Abschaffung einer geltenden und die Einführung einer neuen Ordnung im Wege der Revolution ist ein außerrechtlicher sozialer Vorgang[331]. Vom Standpunkt der bekämpften Ordnung ist die Revolution Rechtsbruch. Nur von einer Plattform außerhalb der alten Ordnung[332] besteht die Möglichkeit einer Rechtfertigung (räumlich oder nur geistig *außerhalb* oder — nach gelungenem Umsturz — *innerhalb* der betroffenen Rechtsgemeinschaft). Dabei ist der Rückgriff auf überstaatliches Recht erforderlich, auf diejenigen rechtsethischen Prinzipien, deren Beachtung eine gesellschaftliche Rechtsordnung legitim[333] und deren Verachtung sie unerträglich macht. Dementsprechend wurde „la résistance à l'oppression" in Art. 2 der französischen Menschenrechtserklärung von 1789 ein Menschenrecht und in Art. 33 der Deklaration von 1793 „die Konsequenz der anderen Menschenrechte" genannt[334]. Selbstverständlich war das Recht zum Aufstand auch in der Deklaration von 1791 enthalten (Art. 35: „insurrection").

Wenn 1776 von naturrechtlicher Freiheit und Gleichheit die Rede war, dann waren die ideellen Grundlagen einer menschenwürdigen Verfassung gemeint[335] und nicht positivrechtliche, individuelle Rechts-

---

[330] *G. Jellinek*, Erklärung (FN 216), S. 35: Die amerikanischen Erklärungen von 1776 hätten Regeln enthalten, die über dem normalen Gesetzgeber ständen.
[331] *Herrfahrdt*, Revolution und Rechtswissenschaft, 1930, S. 73 ff.; — *Rauschenberger*, Die staatsrechtliche Bedeutung von Staatsstreich und Revolution, 1922, S. 4 ff., 13. — Bzgl. der Entstehung des Staates: *G. Jellinek*, Staatslehre (FN 213), S. 270 ff. — *Carl. J. Friedrich*, The New Belief in the Common Man, Brattleboro/Vermont (1942) Neudruck 1945, S. 130.
[332] Deshalb beriefen sich die amerikanischen Kolonisten gegenüber dem englischen Parlamentsrecht außer auf das Naturrecht auch auf ihre „charters". Vgl. *Alexander Hamilton*, A full Vindication (1774), in: Works, hrsg. von A. Cabot Lodge, New York 1904, I S. 7, zit. nach *Vossler*, Studien (FN 318), S. 536 Anm. 33. Dort weitere Belege. Vgl. unten in FN 335.
[333] Vgl. meine Staatsform (FN 53): „Gesellschaftliche Rechtsordnung" = Rechtsordnung ohne organisatorisches Staats- und Verfassungsrecht (S. 32). Zur Legitimität vgl. a.a.O., S. 68 f.
[334] Das Widerstandsrecht (vgl. jetzt Art. 20 IV GG i. d. F. vom 24. 6. 1968) war Bestandteil der germanisch-mittelalterlichen Staatsauffassung und der Mohlschen Rechtsstaatstheorie. Die republikanische Staatsform des materialen Rechtsstaates zielt darauf ab, dieses Notventil überflüssig zu machen (vgl. *meine* Staatsform, FN 53, S. 141—143, S. 182).
[335] Vgl. Virginia Bill of Rights (1776) bei *Thorpe* (FN 329), VII S. 3812 (Übersetzung bei *Hartung*, Die Entwicklung der Menschen- und Bürger-

stellungen³³⁶. Das Pathos ethischer Forderungen wurde zugleich zur politischen Propaganda benutzt³³⁷ und durch die Aufnahme in „Deklarationen" deutlich vom neuen Verfassungsrecht getrennt. Weder in der virginischen Verfassung von 1776 noch in der 1789 ratifizierten amerikanischen Verfassung von 1787 ist von Freiheitsrechten die Rede. Selbst die Freiheitsrechte der ersten zehn Amendments von 1791 wurden von *Alexander Hamilton* noch für lediglich moralische und nicht positivrechtliche Bindungen des Gesetzgebers gehalten³³⁸.

§ 10 Das Verfassungsrecht seit 1776

1. Die französischen Verfassungen³³⁹

Für die richtige Einordnung des Art. 2 I GG ist die Gegenüberstellung von Deklarationen und Konstitutionen in den französischen Verfassungsdokumenten der Revolutionszeit sehr lehrreich. Mit Recht hat *Gerhard Ritter* die Menschenrechte unter Bezugnahme auf die französischen Deklarationen als „sittliche Gestaltungsprinzipien für den Aufbau der Gesellschaft und des Staates" bezeichnet, die einem bestimmten Menschenbild und Gemeinschaftsideal entsprächen, zu „Recht" aber erst „in der konkreten Gestaltung durch den ... staatlichen Gesetzgeber" würden³⁴⁰. Nur dieser übergesetzliche Rang erklärt anderer-

---

rechte von 1776 bis zur Gegenwart, 1964, S. 36): "Section 1. That all men are by nature equally free and independent, and have certain inherent rights, ..." In der Präambel heißt es: "... which rights do pertain to them" (to the people) "and their posterity, as the basis and foundation of government." — *Hamilton* (a.a.O., FN 332): "... that security to our lives and properties, which the law of nature, the genius of the British Constitution, and our charters afford us."

³³⁶ So aber *G. Jellinek* (Erklärung, FN 216), der bereits *Blackstone* von subjektiven Rechten sprechen läßt (S. 41) und die amerikanischen Menschenrechte von 1776 ab offenbar für subjektive Rechte hält (S. 35 f., S. 59), obwohl er einräumt, daß *Locke* das Naturrecht als ausschließlich objektive Schranke der Staatsgewalt aufgefaßt habe (S. 39 f.). So wird G. Jellinek auch von *Vossler* (Studien, FN 318, S. 538 Anm. 34) verstanden. Vermutlich hat *G. Jellinek* dabei allerdings seine subjektiven Rechte im materiellen Sinn (vgl. System, FN 11, S. 45, 70, 119) im Auge, die nicht mit der Klagebefugnis ausgestattet sind. — Dagegen *Vossler* (a.a.O., S. 538 Anm. 34): Die Amerikaner der Revolutionszeit hätten nicht zwischen subjektiven und objektiven positiven Rechten unterschieden.

³³⁷ *Hashagen*, Entstehungsgeschichte (FN 328), S. 472 f.

³³⁸ *Loewenstein*, Verfassungsrecht und Verfassungspraxis der Vereinigten Staaten, 1959, S. 481.

³³⁹ Vgl. *Duguit/Monnier/Bonnard/Berlia* (Hrsg.), Les constitutions et les principales lois politiques de la France depuis 1789, Paris 1952.

³⁴⁰ *Gerhard Ritter*, Ursprung und Wesen der Menschenrechte (1958), in: Schnur (Hrsg.), Zur Geschichte der Erklärung der Menschenrechte, 1964,

seits, daß die Déclaration von 1789 als moralisch-politische Verpflichtung des französischen Gesetzgebers[341] auch unter Verfassungen (wie der von 1875) anerkannt war, deren Präambel nicht auf sie Bezug nahm.

Der ethische Charakter der Freiheitssätze der Menschenrechtserklärungen ergibt sich bereits aus ihrem geistesgeschichtlichen Zusammenhang mit dem naturrechtlichen Postulat *Pufendorfs*, die gleichen Rechte der Mitmenschen zu achten[342]. Diese Forderung ist unter Erwähnung des Gewährsmannes von *John Wise* so formuliert worden, daß die geistige Verwandtschaft mit den Deklarationen von 1789 bis 1795 unverkennbar ist[343]. Wise sagt, zur Feststellung, ob eine Handlung dem Naturrecht entspreche, brauche man sich nur an die Stelle des Betroffenen zu versetzen[344]. Ein anderer Ausspruch nimmt den Freiheits- und den Gleichheitssatz des Grundgesetzes vorweg:

„... personal liberty and equality is to be cherished and preserved to the highest degree, as will consist with all just distinctions amongst men of honour, and shall be agreeable with the public good"[345].

Das liest sich in Art. 6 der „Déclaration des droits de l'homme et du citoyen" von 1793 folgendermaßen:

„Die Freiheit ist die Befugnis, die dem Menschen zu tun erlaubt, was den Rechten eines anderen nicht schadet; ihre Quelle ist die

---

S. 202 ff. — Vgl. *Leisner*, Grundrechte und Privatrecht, 1960, S. 24 mit Nachweisen: Die Rechtsverbindlichkeit der Déclaration von 1789 stand nicht eindeutig fest.

[341] Vgl. *Peter Schneider*, Die Menschenrechte in staatlicher Ordnung, ARSP NF Nr. 3 (1964) Beiheft Nr. 40, S. 77 ff. (81 f.). Außerdem sagt Schneider: Die Déclaration ist „die feierliche Erklärung des Prinzips, der Idee, welcher rechtliche Relevanz nicht zukommt, da sie zu allgemein gehalten ist; ...".
Es dürfte keinen sachlichen Widerspruch bedeuten, daß *Duguit* meint (Traité de Droit Constitutionnel, Bd. II, Paris 1911, S. 13), die Déclaration von 1789 sei positives Recht gewesen. Einerseits bestätigt er nämlich ihren übergesetzlichen Charakter, indem er sie zu ihrer Zeit gegenüber dem Verfassungsgeber und auch in der III. Republik noch für verbindlich hielt. Andererseits läßt sich die Folgerung Duguits, ein Verstoß des Gesetzgebers gegen die Prinzipien (!) der Déclaration mache ein Gesetz verfassungswidrig, auch bei einer unerträglichen Verletzung ethischer Prinzipien ziehen. Angesichts der absoluten Unüberprüfbarkeit französischer Gesetze bis 1958 gehört der von Duguit benutzte terminus „loi inconstitutionelle" sowieso in den Zusammenhang mit der Ethik und mit dem Widerstandsrecht. Vgl. oben bei FN 303 ff., 318 f. und 334 ff.

[342] *Pufendorf*, De Jure (FN 306), III 2 § 1 a. E. und § 2 gegen Ende.

[343] Vgl. *Welzel*, Ein Kapitel aus der Geschichte der amerikanischen Erklärung der Menschenrechte (John Wise und Samuel Pufendorf), in: Festschrift für Smend (1952), S. 387 ff. (389 bis 393).

[344] *John Wise*, A Vindication of the Government of New England Churches (1717), Neuauflage 1772, zitiert nach Welzel, a.a.O., S. 395.

[345] *John Wise*, a.a.O., S. 397.

§ 10 Das Verfassungsrecht seit 1776

Natur, ihr Maßstab die Gerechtigkeit, ihr Schutz das Gesetz; ihre sittliche Begrenzung liegt in dem Grundsatz: ‚Füge keinem anderen zu, was Du Dir selbst nicht zugefügt haben willst'[346]."

Diese sittliche Begrenzung findet sich als „von der Natur in alle Herzen gegrabenes Prinzip" auch in Art. 2 des Pflichtenteils der Déclaration von 1795[347], der dem allgemeinen Freiheitssatz (in Art. 2 des Abschnitts „Rechte") als allgemeiner Pflichtensatz gegenübersteht.

Die in die Verfassungstexte von 1791 und 1795 aufgenommenen Grundrechte unterscheiden sich von den Menschen- und Bürgerrechten der Deklarationen durch erheblich engere Formulierungen. Von einem allgemeinen Freiheits- oder Gleichheitsrecht ist nicht mehr die Rede[348].

Dagegen wiederholt der „Acte constitutionnel" von 1793, die sog. rousseausche Verfassung, in Art. 122 die Garantierung der Gleichheit, der Freiheit usw., und des Genusses aller Menschenrechte. Damit bleibt es bei den weitgefaßten ethischen Prinzipien der Déclaration mit ihren ebenso weitreichenden Einschränkungen und dem Grundsatz, daß der

---

[346] Zur Übersetzung vgl. *Franz*, Staatsverfassungen (FN 309), S. 351, und *Hartung*, Entwicklung (FN 335), S. 47. — Art. 4 der Déclaration von 1789, die der Verfassung von 1791 vorangestellt wurde, lautet: „La liberté consiste à pouvoir faire tout ce qui ne nuit pas à autrui: ainsi, l'exercice des droits naturels de chaque homme n'a de bornes que celles qui assurent aux autres membres de la société la jouissance de ces mêmes droits. Ces bornes ne peuvent être déterminées que par la Loi." (Der erste Satz ist in Art. 2 des Abschnitts „Rechte" der „Déclaration des droits et des devoirs de l'homme et du citoyen" von 1795 mit dem Satzende „aux droits d'autrui" wiederholt.) Art. 5 von 1789 fährt dann fort: „La Loi n'a le droit de défendre que les actions nuisibles à la société. ..."

[347] Es folgt ein so moralisches Postulat wie: „Tue anderen stets das Gute, das Du von ihnen empfangen möchtest."

[348] Titel I der „Constitution Française" von 1791 verbürgt konkrete Gleichheitsrechte (wie die Steuergleichheit) und konkrete Freiheitsrechte (wie die Freizügigkeit, die Freiheit von verfassungswidriger Verhaftung, die Freiheit von der Vorzensur, die Religions- und Versammlungsfreiheit). Die Gesetzgebung wird ausdrücklich nur an diese konkreten Rechte gebunden, also nicht an die Rechte der Déclaration. Und dann werden die Rechte anderer und die öffentliche Sicherheit (sûreté publique) als Schranken der Freiheit zur Begründung dafür angeführt, daß der Gesetzgeber gemeinschaftsschädliche Angriffe gegen diese Schranken mit Strafe belegen dürfe. Eine Überprüfung der gesetzgebenden Gewalt und der Verwaltung wird den Gerichten in Titel III, Kapitel V, Art. 3 untersagt.
Die „Constitution" von 1795 enthält ebenfalls konkrete Grundrechte. Sie sind mit bestimmten gesetzlichen Eingriffsmöglichkeiten verbunden und stehen nunmehr am Ende der Verfassung (Titel XIV, Art. 351 ff.). Auch 1795 wird die gerichtliche Überprüfung von Gesetzgebung und Verwaltung verboten (Titel VIII, Art. 203) Im Gegensatz zur Bindung der gesetzgebenden Gewalt (pouvoir législatif) durch die Verfassung von 1791 werden in Art. 1 des Pflichtenteils der Déclaration von 1795 die Bürger als Gesetzgeber (législateurs) an die Deklaration der Rechte gebunden, was den sittlichen Charakter dieser Verpflichtung unterstreicht.

Schutz der Freiheit dem Gesetzgeber obliege[349]. Gemäß dem Einfluß *Rousseaus* geht die Verfassung von 1793 so sehr von der Allmacht des Gesetzgebers aus, daß der Ausschluß gerichtlicher Gesetzesprüfung gar nicht ausgesprochen zu werden braucht[350]. Das extreme Vertrauen in den demokratischen Gesetzgeber[351] zeigt sich darin, daß Art. 9 der Déclaration von 1793 dem Gesetz den Schutz der allgemeinen (publique) und individuellen Freiheit gegen die Unterdrückung seitens der Regierenden zuweist.

Das entspricht der bereits erwähnten naturrechtlichen Überzeugung, daß Gesetze ihrem Wesen gemäß vernünftig und gerecht seien[352], einer Überzeugung, die in England dazu beigetragen hat, eine richterliche Gesetzesprüfung bis zum heutigen Tage für überflüssig zu halten. Bei den französischen Revolutionsverfassungen ist übrigens noch zu beachten, daß der naturrechtliche Elan weitgehend auf die gleiche Freiheit in Bereichen zielte, die wir heute dem Privatrecht zurechnen: Beseitigung der Leibeigenschaft und sonstiger Vorrechte der Grundherren sowie Befreiung des Handels und Gewerbes von verbandsmäßigen Beschränkungen (Zunftwesen!). *Leisner* meint sogar, am Anfang der französischen Revolution habe die „Privatrichtung" der Freiheit gegenüber der „Staatsrichtung" überwogen[353]. Auch hier sah man wieder im Gesetzgeber die Instanz, naturrechtliche Forderungen der Verfassung in das positive Recht[354] zu transformieren.

Für die französischen Deklarationen und Verfassungen von 1789 bis 1795 läßt sich also feststellen, daß sie kein allgemeines Freiheitsrecht enthielten, das dem Bürger eine persönliche Rechtsstellung gegenüber Gesetzgeber oder Verwaltung verschafft. Die Deklarationen enthielten sowieso nur prinzipielle ethische Forderungen und auch die Verfas-

---

[349] Vgl. bei FN 346.

[350] Die auf *Rousseaus* Theorien zurückgehende Unüberprüfbarkeit der (als Ausdruck der volonté générale geltenden) Gesetze dauerte bis zur Verfassung von 1958. Vgl. *Zürn*, Die republikanische Monarchie, 1965, S. 160. — Wegen der Souveränität des Parlaments war insbesondere auch kein allgemeines richterliches Prüfungsrecht gegeben. Vgl. *Maurice Duverger*, La cinquième république, 4. Aufl. Paris 1968, S. 183.

[351] Vgl. dazu auch *Leisner*, Grundrechte (FN 340), S. 27 mit Nachweisen. — *Bettermann* (Grenzen, FN 45, S. 4): Wo das Gesetz Ausdruck des rousseauschen allgemeinen Willens ist, „da können Gesetz und Bürgerfreiheit nicht in Konflikt geraten".

[352] Vgl. hier oben bei FN 303 f.

[353] *Leisner*, Grundrechte (FN 340), S. 22 f.

[354] *Alfred Voigt*, Geschichte der Grundrechte, 1948, S. 108: Im Code civil hätten „die Ideen von 1789 als Rechtssätze des Privatrechts weitgehend das Rechtsleben" beherrscht, besonders im Eigentums- und Arbeitsrecht sowie als Grundsatz der Vertragsfreiheit.

§ 10 Das Verfassungsrecht seit 1776

sung von 1793 räumte dem Bürger insoweit keine hoheitlich garantierte Rechtsstellung ein[355].

Das hat sich in Frankreich auch nicht geändert. Die Verfassung von 1799 enthielt nur spärliche konkrete Bürgerrechte (Art. 76 ff.), insbesondere bezüglich der Verhaftung. Art. 4 der Verfassung von 1831 sprach offensichtlich nur von der körperlichen Freiheit. Neben konkreten Freiheitsrechten gab es 1848 eine Präambel mit der Bekräftigung der „Prinzipien" von Freiheit, Gleichheit und Brüderlichkeit. Die Verfassungsgesetze von 1875 schwiegen zum fraglichen Thema. Die Präambel der Verfassung von 1946 bekräftigte die Deklaration von 1789 und die „fundamentalen Prinzipien[356], die durch die Gesetze der Republik anerkannt sind" (und „proklamierte" außerdem „politische, wirtschaftliche und soziale Prinzipien"). Schließlich verkündet das französische Volk in der Präambel der Verfassung der Fünften Republik von 1958 „feierlich seine Verbundenheit mit den Menschenrechten und mit den Grundsätzen der nationalen Souveränität, so wie sie in der Erklärung von 1789 niedergelegt und in der Präambel der Verfassung von 1946 bestätigt und ergänzt wurden". Die Freiheit wird im Text der Verfassung von 1958 nur in Art. 2 genannt: „Der Wahlspruch der Republik lautet: ‚Freiheit, Gleichheit, Brüderlichkeit'[357]." Damit ist ohne Zweifel das abstrakte ethische Freiheitsprinzip gemeint. Auch aus der Verweisung auf den Freiheitssatz von 1789[358] läßt sich kein Wandel seiner Beurteilung als objektive ethische Norm, nämlich als Anweisung an den Gesetzgeber verstehen, auf die sich der Bürger nicht als eigene Rechtsposition berufen kann[359]. „Die herkömmlichen Freiheiten ruhen hier auf positivem Gesetzesrecht, das seinerseits auf den als Rechtsgrundsätze fortgeltenden Menschenrechten der Revolution fußt[360]."

---

[355] Vgl. oben in FN 350.

[356] Die Verfassungen von 1852 und 1870 garantierten „les grands principes proclamés 1789".

[357] Vgl. *Schütt*, Frankreichs neue Verfassung, Göttingen 1958, S. 21 ff.

[358] Vgl. in FN 346.

[359] Daran ändert auch das objektive Normenkontrollverfahren nichts, in dem der Verfassungsrat nach Art. 61 der franz. Verf. von 1958 eine präventive Gesetzeskontrolle durchzuführen hat. Dem Bürger ist ein Antragsrecht nicht eingeräumt. Vgl. *Zürn*, Monarchie (FN 350), S. 243 ff. — Außerdem ist sogar noch offen, ob der Verfassungsrat die Präambel überhaupt als Prüfungsmaßstab heranziehen darf. Dafür: *Duverger*, République (FN 350), S. 183; ihm folgend *Gangl*, Verfassungsfragen der Fünften Republik, Graz 1964, S. 55. — *Duverger* (a.a.O., S. 183 f.) meint sogar, im Zusammenhang mit dem insoweit noch geltenden Verfassungsgesetz vom 3. 6. 1958 bestehe nunmehr auch ein allgemeines richterliches Recht, die Verfassungsmäßigkeit der Gesetze zu prüfen. Das beträfe die Verfassungsmäßigkeit der Gesetze als Vorfrage, ohne daß dadurch die Klagebefugnis des Bürgers formell und direkt erweitert würde.

[360] *Scheuner*, Die institutionellen Garantien des Grundgesetzes, in: Recht—

2. Der angelsächsische Rechtskreis

Selbst die 1791 beschlossenen ersten zehn Amendments zur Verfassung der U.S.A. waren in ihrer Rechtsnatur noch umstritten. Das beweist einmal mehr, daß die Menschenrechte als solche niemals als persönliche Rechtsstellungen des positiven Rechts angesehen worden sind. Dafür waren sie zu vage[361].

Dagegen ist die Rechtsprechung des Supreme Court der U.S.A. verständlich, die Grundrechte der Amendments seien auch den Gesetzgeber bindendes, positives Recht[362]. Handelte es sich doch vor allem um ganz konkrete Verbote an den Gesetzgeber, welche die Religionsfreiheit, die Rede- und Pressefreiheit u. ä. betrafen, während die ihrem Wortlaut nach weite „Due Process of Law"-Klausel[363] eng ausgelegt wurde. Die „Freiheit" richtete sich gegen physischen Zwang, wobei sich die Prüfung des „due process" wirklich nur auf das Verfahrensrecht bezog, speziell auf den Strafprozeß, der ja auch Gegenstand des vorangehenden Teils des Amendment V und des folgenden Amendment VI war[364].

Das Amendment XIV, das die vorstehenden Freiheitsrechte im Hinblick auf die Einzelstaaten wiederholte und die „Equal Protection of the Laws"-Klausel hinzufügte, trat erst 1868 in Kraft[365]. 1897 begann der Supreme Court den Begriff „liberty" zu erweitern und zunächst die Vertragsfreiheit, später das Streikrecht hineinzuinterpretieren[366].

Während die Erweiterung des konkreten Freiheitsrechtsschutzes in den U.S.A. also im wesentlichen von der Rechtsprechung ausging, blieb England bei der Doktrin des 17. Jahrhunderts, daß das Parlament keiner Rechtsschranke unterliege[367]. Dagegen wirkte sich hier die „alte

---

Staat—Wirtschaft Bd. 4, 1953, S. 88 ff. (89). Vorher heißt es: „Die Aufführung einzelner Rechte in der Verfassung von 1946 hat nur deklarative Bedeutung."
[361] Vgl. bei FN 338. — *Mokre* (Idee, FN 318, S. 68) spricht bezüglich der Menschenrechtserklärung der UNO von der „schwierigen Aufgabe, die allgemein rechtspolitische Idee der Menschenrechte mit konkretem, juristisch faßbarem Inhalt zu erfüllen".
[362] *Loewenstein*, Verfassungsrecht (FN 338), S. 481.
[363] *Thorpe* (Constitutions I, FN 329, S. 29), Amendment V: "No person shall ... be deprived of life, liberty, or property, without due process of law;...".
[364] Vgl. *Edward S. Corwin*, The Constitution and What it Means Today (1920), 10. Aufl. Princeton/New Jersey 1948, Neudruck 1951, S. 168 bis 170; — *Hamilton* forderte Sicherheit für „Leben" und Eigentum (vgl. oben FN 335 a. E.).
[365] *Thorpe*, Constitutions I (FN 329), S. 34.
[366] *Corwin*, Constitution (FN 364), S. 168 f.
[367] *G. Jellinek*, Erklärung (FN 216), S. 35; — *Hartung*, Entwicklung, (FN 335), S. 10; — *Loewenstein*, Staatsrecht II (FN 302), S. 265.

germanische Rechtsüberzeugung", daß dem Staat und daher auch dem Parlament inhaltliche Grenzen gesetzt seien, seit Bestehen des Parlaments als „lebendige Volksüberzeugung"[368] auf dem Wege der politischen Kontrolle[369] aus.

Es hat den Anschein, als ob der praktische Verstand des Engländers sich gescheut hätte, ethische Grundsätze in Rechtsnormen zu fassen, die doch nur Generalklauseln sein könnten. Das Fehlen geschriebener Grundrechte wird in England heute noch damit gerechtfertigt, daß die Ausbalancierung verschiedener wünschenswerter Ziele in Frage stehe. Wenn spezielle Garantien nicht verklausuliert, sondern in einer generellen Fassung gegeben würden, seien „geheime Vorbehalte stets gegenwärtig"[370].

Der englische Verfassungsjurist spricht trotzdem von „fundamental rigths". Darin äußert sich noch die alte Verschmelzung von positivem Recht und Ethik, wie sie *Coke* gelehrt hat[371]. *Dicey* führt aus, individuelle Rechte seien bei ihnen die Basis und nicht das Ergebnis des Verfassungsrechts. Die Magna Carta und die Petition of Right seien „rather records of the existence of a right than statutes which confer it"[372]. In diesem Sinne ist es zu verstehen, daß die alten englischen Verfassungsdokumente heute noch als gültig betrachtet werden[373]. Sie gelten eben als Dokumentation der hinter ihnen stehenden ethischen Rechte[374]. Alles das erklärt, warum dem Engländer einklagbare subjektive Rechte nicht aus dem Verfassungsrecht erwachsen, sondern ausschließlich aus dem „ordinary law of the land enforced by the courts"[372]. Nach wie vor sind es eben in England die Gesetze, die frei machen[375].

---

[368] Vgl. *G. Jellinek*, Erklärung (FN 216), S. 74.
[369] Vgl. für heute: *Loewenstein*, Staatsrecht II (FN 302), S. 266 f.
[370] *Mitchell*, Constitutional Law, Edinburgh 1964, S. 272.
[371] Vgl. oben in FN 303 f.
[372] *Dicey*, in: Dicey/Wade, Introduction to the Study of the Law of the Constitution, London 1948, S. 207.
[373] Vgl. *Mayer-Tasch/Contiades* (Hrsg.), Die Verfassungen Europas, 1966, S. 165 ff. — Meist werden die Magna Carta und die Bill of Rights erwähnt: *Ridges/Forrest*, Constitutional Law, 8. Aufl. London 1950, S. 6; — *Phillips*, Constitutional and Administrative Law, 3. Aufl. London 1962, S. 23: „quasi-legislative nature"; — *Loewenstein* (Staatsrecht II, FN 302, S. 264) bezieht sich offenbar nur auf die Weitergeltung der Bill of Rights.
[374] *Loewenstein* (Staatsrecht I, FN 302, S. 6) spricht von einer späteren Umdeutung der Magna Carta zu „naturrechtlichen Postulaten".
[375] Vgl. *Coke*, hier oben in FN 303. — *Voigt* (Geschichte, FN 354, S. 15): Die Garantie der Grundrechte ruhe „in der Kraft des alten Gesetzesrechts". — *Barzel* (Die verfassungsrechtliche Regelung der Grundrechte und Grundpflichten der Menschen, Diss. Köln 1949, S. 12): Die englischen Menschenrechte würden nicht nur durch die Gesinnung der Bürger, sondern auch durch den Charakter der Rechtsordnung garantiert. — *Scheuner*, Garantien (FN 360), S. 89: Die Gewähr liege „in der Rule of Law, im Vertrauen auf die erprobte Mäßigung des parlamentarischen Gesetzgebers".

3. Die Entwicklung in Deutschland

Auch in den deutschen Verfassungen des 19. Jahrhunderts ist unter der Freiheit, in die nur auf Grund eines Gesetzes eingegriffen werden durfte[376], die Freiheit der Person verstanden worden[377]. Wie heute wieder gemäß Art. 2 II Satz 2 GG[378] und immer noch bei den meisten europäischen Staaten[379] war das die körperliche Bewegungsfreiheit, vor allem der Schutz vor willkürlichen Verhaftungen[380].

Diese Auffassung begann sich erst zu ändern, als *Gerhard Anschütz* seine dieser Tradition folgende Ansicht[381] aufgab und dem Anstoß von u. a. *Adolf Arndt*[382] folgend zur Preußischen Verfassungs-Urkunde vom 31. 1. 1850 erklärte: „Art. 5 gewährleistet ... in und mit der persönlichen Freiheit den Anspruch auf Unterlassung von Verwaltungsakten, welche ohne gesetzliche Grundlage (contra, ultra, praeter legem) in irgendwelche Betätigungsmöglichkeiten der individuellen Handlungsfreiheit eingreifen; ...[383]." Die Grundrechte seien, genau genommen, nur einzelne Hauptpunkte der der Verwaltung auch bereits durch den allgemeinen Gesetzesvorbehalt gezogenen Grenzen[384].

Schließlich meinte *Richard Thoma*, aus dem „sogenannten Prinzip der Gesetzmäßigkeit der Verwaltung und Rechtsprechung" folge das

---

[376] Zunächst hat der „Vorbehalt des Gesetzes" nur dazu gedient, dem Parlament die Mitwirkung an bestimmten Staatsakten zu sichern. Die spätkonstitutionelle deutsche Staatslehre hat dann daraus im Rahmen der Gewaltentrennungslehre die im Text genannte Eingriffsformel entwickelt: Vgl. *Carl Schmitt*, Verfassungslehre (FN 47), S. 148 ff.; — *Jesch*, Gesetz (FN 67), S. 107, 126 f., 129.

[377] *Jesch* (a.a.O., S. 132 bei und in Anm. 138) hat festgestellt, daß die deutschen Verfassungen des 19. Jahrhunderts von der Freiheit nur in bezug auf die „persönliche" Freiheit „Freiheit der Person" u. ä. sprechen. Die einzige abweichende Formulierung (schlechthin „Freiheit") sei in der Verfassung von Sachsen-Meiningen von 1829 enthalten gewesen.

[378] *Dürig*, Grundgesetz (FN 3), Art. 2 II Rdnr. 49 ff.

[379] Deshalb ist die Freiheit des Art. 5 der Europäischen Menschenrechtskonvention auch nur die körperliche Bewegungsfreiheit: *Herzog*, Grundrecht (FN 3), S. 202 f.; — *Menzel*, Nationale und internationale Verwaltung, DÖV 1969, S. 1 ff. (S. 19); hier auch die gleiche Feststellung zum Entwurf der II. MRK der Vereinten Nationen.

[380] *Jesch*, Gesetz (FN 67), S. 130 f. mit Nachweisen in Anm. 132. Er führt auch erste, vereinzelte abweichende Ansichten an.

[381] So noch *Anschütz*, Die gegenwärtigen Theorien über den Begriff der gesetzgebenden Gewalt, 1901, S. 113 f. zu Art. 5 der Preuß. Verf. v. 31. 1. 1850. Er lautete: „Die persönliche Freiheit ist gewährleistet. Die Bedingungen und Formen, unter denen eine Beschränkung derselben, insbesondere eine Verhaftung, zulässig ist, werden durch das Gesetz bestimmt."

[382] *Adolf Arndt*, Die Verfassungs-Urkunde für den Preußischen Staat, 5. Aufl. 1904, Art. 5 Anm. 2.

[383] *Anschütz*, Die Verfassungs-Urkunde für den Preußischen Staat, Kommentar, 1. Bd. 1912, S. 135.

[384] *Anschütz*, a.a.O., S. 97 f.

in der Weimarer Verfassung nicht ausdrücklich erwähnte, nämlich als selbstverständlich vorausgesetzte „allgemeine subjektive öffentliche Recht auf Freiheit von ungesetzlichem obrigkeitlichem Eingriff"³⁸⁵. Thoma bezog sich ausdrücklich auf G. Jellineks Ausführungen über den status negativus, in denen es u. a. hieß:

„Alle Grundrechte verlangen überdies nach einer gesetzlichen Regelung ihrer Ausübung. Eine Freiheit schlechthin, in irgend einem Punkte anerkannt, würde in ihren Konsequenzen geeignet sein, den ganzen Staat zu zerstören ... Alle Freiheit ist einfach Freiheit von gesetzwidrigem Zwange ... Daher ist es juristisch nicht korrekt, von Freiheitsrechten zu reden, es ist vielmehr nur die Freiheit im Singular vorhanden, die nur durch ihren Gegensatz gegen bestimmte ehemalige Einschränkungen mehr in politischer als in juristischer Hinsicht verschiedene individuell gefärbte Nuancen erhält. Aber der aus derartigen die Freiheiten anerkennenden und normierenden Gesetzen entspringende individuelle Zustand ist ein substantiell für alle Fälle durchaus einheitlicher³⁸⁶."

G. Jellinek ging von historisch bedingten, positivierten Grundrechten aus (S. 95) und erklärte, dem Gesetzgeber gegenüber gewährten sie kein Individualrecht (S. 97). Von einem allgemeinen Freiheitsrecht im Sinne einer selbständigen persönlichen Rechtsstellung war bei G. Jellinek nicht die Rede. Im Gegenteil wies er darauf hin, daß sich konkrete, individuelle Rechtsansprüche an Gericht und Verwaltung nur aus solchen „Freiheitsrechten" ergäben, die bisher in Kraft gewesene Beschränkungen aufgehoben hätten, wie die Freiheit von Zensur und die Glaubensfreiheit. Ein „positives Prinzip" wie z. B. das der Rechtsgleichheit verleihe solche Ansprüche nicht, sondern verlange eine konkrete Ausgestaltung durch den Gesetzgeber (S. 97).

Trotz seiner irreführenden Formulierung eines allgemeinen subjektiven Freiheitsrechtes meinte auch *Thoma* damit nichts anderes als G. Jellinek, nämlich den Grundsatz der Freiheit von gesetzwidrigem Zwang, der selbst keine persönliche Rechtsstellung verschafft³⁸⁷. Thoma sprach sogar davon, daß zunächst nur ein „Prinzip" gewonnen sei, das gegenüber den schlechthin unentbehrlichen generellen Ermächtigungen zu obrigkeitlichen Eingriffen, z. B. auf Grund der Polizeigewalt oder

---

³⁸⁵ *Thoma*, Bedeutung (FN 70), S. 15 f.
³⁸⁶ *G. Jellinek*, System (FN 15), S. 103 f. Die folgenden Seitenzahlen im Text verweisen auf dieses Werk. — *Scheuner* (Garantien, FN 360, S. 89) bestätigt für die deutschen Landesverfassungen vor 1918, daß die Grundrechte keinen Schutz gegen den Gesetzgeber gewährt hätten, von dem ihre Garantierung abhängig gewesen sei.
³⁸⁷ Vgl. oben bei und in FN 72.

des Besteuerungsrechts, „zur leeren Schale" werden könne[388]. Um einen Schutz gegen diese Generalermächtigungen der Behörden zu haben, bedürfe es konkreter, positivierter Rechte und Freiheiten ohne Eingriffsvorbehalt, die als „Ausstrahlungen des allgemeinen Freiheitsrechts" anzusehen seien. Im Grunde hatte Thoma also das Wesen und die Problematik eines allgemeinen Freiheitsprinzips erkannt.

Als *Anschütz* dann seine weite Auslegung der persönlichen Freiheit der Preußischen Verfassung von 1850[389] in der Kommentierung zu Art. 114 I WV[390] wiederholte, erklärte er, sein damit ausgedrückter ‚Grundsatz der Gesetzmäßigkeit der Verwaltung' entspreche dem thomaschen Rechtssatz[391]. An anderer Stelle nannte er die Grundrechte „auf der einen Seite eine kasuistisch gefaßte Darlegung jenes allgemeinen *formalen* Prinzips" der Gesetzmäßigkeit der Verwaltung, das dem Leitgedanken des Rechtsstaats entspreche. Andererseits bezeichnete er sie als „*materiell-rechtliche*" Richtlinien spezialgesetzlicher Ausgestaltung[392]. Damit stellte Anschütz den allgemeinen Freiheitssatz, ebenso wie es Thoma ausdrücklich tat[393], in den Zusammenhang mit dem formalen Rechtsstaatsprinzip der Gewaltenteilung. Der Grundsatz, daß Eingriffe der Verwaltung in Freiheit und Eigentum nur auf Grund eines Gesetzes erfolgen dürfen, entpuppt sich also als die Konsequenz des Gewaltenteilungsprinzips[394], des grundlegenden Organisationsprinzips des Rechtsstaates. Das ist zwar um der Freiheitssicherung willen ersonnen worden, ergibt aber keinen Anknüpfungspunkt für eine persönliche Rechtsstellung des Bürgers.

Auch Art. 2 GG sollte zunächst in Verbindung mit der Freiheit und zu ihrem Schutz den Grundsatz der Gesetzmäßigkeit der Verwaltung

---

[388] *Thoma*, Bedeutung (FN 70), S. 16 f. Im folgenden: S. 17 f. — Thoma leitet dies Freiheitsprinzip nicht aus Art. 114 WV ab, sondern läßt es von der Verfassung vorausgesetzt sein (S. 16).

[389] Vgl. oben bei FN 383.

[390] Auch bei der Formulierung des Art. 114 WV stand der traditionelle Schutz gegen Freiheitsentzug im Vordergrund:
„(1) Die Freiheit der Person ist unverletzlich. Eine Beeinträchtigung oder Entziehung der persönlichen Freiheit durch die öffentliche Gewalt ist nur auf Grund von Gesetzen zulässig. (2) Personen, denen die Freiheit entzogen wird, ..." —
Mannheim (Freiheitsschutz, FN 31, S. 324) abweichend von Anschütz: gegenüber spezielleren Grundrechten subsidiäre „Freiheit der Verfügung über den Körper". — *WürttVGH*, Urt. v. 23. 12. 1929, WürttZSprBeil. 1931, 186 (189): „persönliche Bewegungsfreiheit", nicht „natürliche Handlungsfreiheit".

[391] *Anschütz*, Verfassung (FN 64), S. 544 bei und in Anm. 1. Daselbst auch zahlreiche Hinweise auf Autoren, welche die traditionelle Auslegung (oben bei FN 380) beibehielten.

[392] *Anschütz*, a.a.O., S. 511.

[393] *Thoma*, Bedeutung (FN 70), S. 16.

[394] Vgl. *Carl Schmitt*, Verfassungslehre (FN 47), S. 151 f.

§ 10 Das Verfassungsrecht seit 1776

enthalten. Das hatte der Abgeordnete Dr. v. Mangoldt zu der von ihm mitredigierten ersten Fassung des Grundsatzausschusses des parlamentarischen Rates am 23. 9. 1948 ausgeführt[395]. Sie lautete:

„(1) Der Mensch ist frei.

(2) Er darf tun und lassen, was die Rechte anderer nicht verletzt oder die verfassungsmäßige Ordnung des Gemeinwesens nicht beeinträchtigt.

(3) In diese Freiheit darf die Verwaltung nur im Rahmen der Rechtsordnung eingreifen.

(4) Wird jemand durch die öffentliche Gewalt in seinen Rechten verletzt, so steht ihm der Rechtsweg offen."

Diese Fassung enthielt ausschließlich allgemeine Vorschriften, die für alle Grundrechte gelten sollten. Die Absätze 1 bis 3 sprachen nicht von Rechten und gewährten offensichtlich keine persönliche Rechtsstellung. Absatz 2 bedeutete vielmehr das Prinzip einer freiheitlichen Rechtstechnik: „Was nicht verboten ist, das ist erlaubt", ein Prinzip, das zwar die Freiheit in den Vordergrund stellt, über den Umfang der Freiheitssphäre aber nichts aussagt. Genauso abstrakt war die Formulierung des Gesetzmäßigkeitsgrundsatzes in Absatz 3.

Deshalb kritisierte Thoma, falls man unter der verfassungsmäßigen Ordnung die gesamte geltende Rechtsordnung verstehe, bedeute Absatz 2 nur, der Mensch sei von Rechts wegen frei, soweit er nicht von Rechts wegen unfrei sei[396].

Das veranlaßte v. Mangoldt dazu, den Absatz 2 zu einem Prinzip des materiellen Rechts umzugestalten und ihm die Fassung des heutigen Absatzes 1 zu geben. Das „Recht auf die freie Entfaltung seiner Persönlichkeit" verteidigte er gegen den Wunsch, mehr auf die „Handlungsfähigkeit" abzustellen, indem er einen UNO-Kommissionsentwurf der Menschenrechte zitierte:

„In der Ausübung seiner Rechte ist jeder nur den Beschränkungen unterworfen, ..." (es folgt eine der Schrankentrias ähnelnde Formulierung)[397].

Nun konnte der Allgemeine Redaktionsausschuß darauf hinweisen, der Gesetzesvorbehalt des Absatzes 3 solle doch sicher nicht dazu dienen, die freie Entfaltung der Persönlichkeit über die Schrankentrias

---

[395] v. Doemming/Füsslein/Matz, Entstehungsgeschichte (FN 91), S. 55. — Zu diesem Zeitpunkt gab es noch keinen Vorläufer des heutigen Art. 20 III GG (vgl. Entstehungsgeschichte, a.a.O., S. 195, zu Art. 20). In Art. 20 III GG ist der Grundsatz der Gesetzmäßigkeit der Verwaltung enthalten (vgl. in FN 71).

[396] Entstehungsgeschichte, a.a.O., S. 56.

[397] Entstehungsgeschichte, a.a.O., S. 57. Hervorhebung vom Verf.

hinaus einzuengen; in der Schrankentrias habe die Entfaltungsfreiheit bereits ihre eigene Begrenzung[398]. Damit war klar erkannt, daß die Entfaltungsfreiheit kein gewöhnliches Grundrecht bedeuten konnte, sondern den Kernbereich der personalen Freiheit bezeichnen sollte, demgegenüber ein Verfassungsvorbehalt für beliebige, mit der Verfassung lediglich vereinbare gesetzliche Eingriffe nicht ernstlich in Betracht kam.

Warum der Grundsatzausschuß diesem Hinweis des Allg. Redaktionsausschusses nicht folgte[399], ist nicht feststellbar. Jedenfalls ist der Gedanke in der endgültigen Fassung berücksichtigt, die einem u. a. durch *v. Mangoldt* unterstützten Formulierungsvorschlag des Allg. Redaktionsausschusses entspricht[400] und die Freiheitsentfaltung nicht mehr einem allgemeinen Verfassungsvorbehalt unterstellt.

Das entspricht der Absicht *v. Mangoldts*, den Freiheitssatz als „Generalklausel für die ganzen Grundrechte" auszugestalten[401], wozu wiederum die Meinung des Allg. Redaktionsausschusses paßt, die Entfaltungsfreiheit enthalte mit der Schrankentrias ihre eigene Begrenzung. Eine Generalklausel hatte nur als materiellrechtliches Verfassungsprinzip einen Sinn, das zwar durch ein entsprechendes[402] Gegenprinzip (die Schrankentrias) zurückgedrängt, nicht aber der beliebigen Reglementierung durch den einfachen Gesetzgeber überantwortet werden konnte.

Für seine Auffassung, die Umformulierung der allgemeinen Handlungsfreiheit zur Entfaltungsfreiheit habe keine inhaltliche Änderung bezweckt, beruft *Nipperdey*[403] sich jedenfalls zu Unrecht auf *v. Mangoldt*. Dieser hat nämlich das „Recht auf freie persönliche Entfaltung" in seiner Abhandlung von 1949 gerade nicht mit einer wertneutralen allgemeinen Handlungsfreiheit gleichgesetzt. Er hat vielmehr betont, daß bereits die Sittengesetzschranke den ethischen Gehalt des Grundgesetzes deutlich mache. Die fragliche Umformulierung habe dazu gedient, in der Richtung weiterzuführen, die durch die Abkehr von der „Einzelperson im alten liberalen Sinne" mit dem Bekenntnis des Art. 1 GG zur Menschenwürde eingeschlagen worden sei[404].

---
[398] Entstehungsgeschichte, a.a.O., S. 59 und 62.
[399] Entstehungsgeschichte (FN 91), S. 59—62 oben.
[400] Entstehungsgeschichte, a.a.O., S. 62.
[401] Entstehungsgeschichte, a.a.O., S. 59 f.
[402] *v. Mangoldt* (Grundrechte, FN 86, S. 280): Die Schrankentrias sei „von allgemeiner Bedeutung für den ganzen Grundrechtsteil".
[403] *Nipperdey* (Entfaltung, FN 81, S. 775 Anm. 162) zitiert v. Mangoldt, Grundrechte (FN 86), S. 280.
[404] *v. Mangoldt*, Grundrechte (FN 86), S. 280 mit S. 279. Ebenso: Grundgesetz (FN 91), Art. 2 Anm. 2, wo der Begriff „allgemeine Handlungsfreiheit" nicht mehr erscheint.

Schlußbemerkung

Ohne die Auffassung des Urhebers der Formulierung des Rechts auf die freie Entfaltung der Persönlichkeit überbewerten zu wollen, kann doch darauf hingewiesen werden, daß *v. Mangoldt* eine eindeutige Absage an das angeblich wertneutrale Prinzip des „laissez faire" beabsichtigt hat. Die „natürliche" Freiheit würde dem Stärkeren den grundsätzlichen Vorrang einräumen und auf Kosten der Schwächeren und der Gemeinschaft gehen. Es ist eine unvermeidliche historische Erkenntnis, daß das Streben nach einer gerechten Sozialordnung nicht ohne Eingriffe in die Individualsphäre auskommt. Will man demgegenüber einen unantastbaren Bereich personaler Freiheit sichern, so kann man dem Bürger kein persönliches „Recht" zur Beliebigkeit verleihen. Wie der geschichtliche Rückblick gezeigt hat, ist das auch niemals geschehen.

So wenig dem einzelnen vorgeschrieben werden soll, wie und ob er seine Persönlichkeit entfaltet, so eindeutig muß ihm doch seine Rechtsstellung gegenüber den Mitmenschen und der staatlichen Gemeinschaft zugewiesen werden. Dient der Staat im höheren Interesse des einzelnen der Gerechtigkeit im Sinne eines vernünftigen Interessenausgleichs, so kann ihm der einzelne auch nur zur Wahrung desjenigen Interesses in den Arm fallen, um dessentwillen der Staat angetreten ist. Das ist die Chance eines dem anerkannten Lebensgefühl entsprechenden, menschenwürdigen und eigenverantwortlichen Lebens für alle. Dazu gehört auch ein gewisser Spielraum der Beliebigkeit; sie ist aber weder der Leitgedanke menschlicher Freiheit noch gibt sie dem menschlichen Leben seinen Sinn.

Die Begrenzung der unantastbaren rechtlichen Freiheit auf den Raum, den der Bürger benötigt, um den Kern personaler Freiheit wahren zu können, bedeutet ein offenes Bekenntnis zu nachprüfbaren, wenn auch nicht immer unstreitigen Maßstäben. „Wenn Eigenwert und Eigenständigkeit des Menschen schlechthin als Grundlage der Gesamtordnung anerkannt werden sollten, so konnte dies kaum besser als durch die betonte Anerkennung des Persönlichkeitswertes geschehen[405]."

---

[405] *v. Mangoldt*, Grundgesetz (FN 91), Art. 2 Anm. 2.

Die Proklamierung einer unbeschränkten Handlungsfreiheit des einzelnen würde dagegen entweder den Staat, vor allem den Gesetzgeber hindern, für ein gedeihliches gesellschaftliches Zusammenleben zu sorgen, oder staatliche Eingriffe provozieren, denen eine substantielle Rechtssphäre des einzelnen nicht entgegengesetzt werden könnte. Weder das eine noch das andere würde dem materialen Rechtsstaatsprinzip des Grundgesetzes entsprechen.

Literaturverzeichnis

Anschütz, Gerhard: Die gegenwärtigen Theorien über den Begriff der gesetzgebenden Gewalt, 1901
— Die Verfassung des Deutschen Reichs vom 11. August 1919 (1921), 14. Aufl. 1933, Nachdruck 1960
— Die Verfassungs-Urkunde für den Preußischen Staat vom 31. Januar 1850, Kommentar, 1. Bd. 1912

Arndt, Adolf: Die Verfassungs-Urkunde für den Preußischen Staat, 5. Aufl. 1904

Bachof, Otto: Freiheit des Berufs, in: Bettermann/Nipperdey/Scheuner (Hrsg.), Die Grundrechte, III. Bd., 1. Halbbd. (1958), S. 155 ff.
— Die verwaltungsgerichtliche Klage auf Vornahme einer Amtshandlung, 1951
— Die Rechtsprechung des Bundesverwaltungsgerichts, JZ 1957, S. 334 ff.
— Reflexwirkungen und subjektive Rechte im öffentlichen Recht, in: Gedächtnisschrift für W. Jellinek (1955), S. 287 ff.

Barzel, Rainer: Die verfassungsrechtliche Regelung der Grundrechte und Grundpflichten der Menschen, Diss. Köln 1949

Berg, Günther Heinrich von: Handbuch des Teutschen Policeyrechts, 1. Theil, Hannover 1799

Bettermann, Karl August: Grenzen der Grundrechte, 1968

Bohatec, Josef: Die Vorgeschichte der Menschen- und Bürgerrechte in der englischen Publizistik der ersten Hälfte des 17. Jahrhunderts, in: Otto Weber (Hrsg.), England und die Geschichte der Menschen- und Bürgerrechte (Graz/Köln 1956), S. 13 ff.

Bonner Kommentar: Kommentar zum Bonner Grundgesetz (ab 1950), Stand vom Juli 1969

Bühler, Ottmar: Altes und Neues über Begriff und Bedeutung der subjektiven öffentlichen Rechte, in: Gedächtnisschrift für W. Jellinek (1955), S. 269 ff.
— Die subjektiven öffentlichen Rechte und ihr Schutz in der deutschen Verwaltungsrechtsprechung, 1914

v. Bülow/Hagemann: Practische Erörterungen aus allen Theilen der Rechtsgelehrsamkeit, 4. Bd., Hannover 1804

Bullinger, Martin: Vertrag und Verwaltungsakt, 1962

Coke, Edward: The Institutes of the Laws of England (1628), I. Teil 1. Bd. 16. Aufl., hrsg. von Hargrave/Butler, London 1809; II. Teil 1. Bd., London 1797

Corwin, Edward S.: The Constitution and What it Means Today (1920), 10. Aufl., Princeton/New Jersey 1948, Neudruck 1951

Dicey, K. C.: Introduction to the Study of the Law of the Constitution, hrsg. von Wade, 9. Aufl., London 1948

v. Doemming/Füsslein/Matz: Entstehungsgeschichte der Artikel des Grundgesetzes, JöR, NF Bd. 1 (1951)

Drews/Wacke: Allgemeines Polizeirecht, 7. Aufl. 1961

Dürig, Günter: Das Eigentum als Menschenrecht, ZgesStW 109. Bd. (1953) S. 326 ff.

Duguit, Léon: Traité de Droit Constitutionnel, Bd. II, Paris 1911

Duguit/Monnier/Bonnard/Berlia (Hrsg.): Les Constitutions et les principales lois politiques de la France depuis 1789, Paris 1952

Duverger, Maurice: La cinquième république, 4. Aufl., Paris 1968

Ehmke, Horst: Prinzipien der Verfassungsinterpretation, VVDStRL 20 (Tagung 1961), S. 53 ff.

— Wirtschaft und Verfassung, 1961

Evers, Hans-Ulrich: Zur Auslegung von Art. 2 Abs. 1 des Grundgesetzes, insbesondere zur Persönlichkeitskerntheorie, AöR 90 (1965), S. 88 ff.

Eyermann/Fröhler: Verwaltungsgerichtsgesetz, Kommentar, 1950.

— Verwaltungsgerichtsordnung, Kommentar, 4. Aufl. 1965

Fechner, Erich: Die soziologische Grenze der Grundrechte, 1954

Forsthoff, Ernst: Lehrbuch des Verwaltungsrechts, I. Bd., 5. Aufl. 1955

— Lehrbuch des Verwaltungsrechts, I. Bd., 9. Aufl., 1966

— Der introvertierte Rechtsstaat und seine Verortung, Der Staat, 2. Bd. (1963), S. 385 ff.

Franz, Günther (Hrsg.): Staatsverfassungen. Eine Sammlung wichtiger Verfassungen der Vergangenheit und Gegenwart in Urtext und Übersetzung, 1950

Friedrich, Carl J.: The New Belief in the Common Man, Brattleboro/Vermont (1942), Neudruck 1945

Fromm, Günter: Verwaltungsakte mit Doppelwirkung, VerwArch. 56 (1965), S. 26 ff.

Fuss, Ernst-Werner: Gleichheitssatz und Richtermacht, JZ 1959, S. 329 ff.

Gangl, Hans: Verfassungsfragen der Fünften Republik, Graz 1964

Geiger, Willi: Grundrechte und Rechtsprechung, 1959

— Die Wandlung der Grundrechte, in: Imboden (Hrsg.), Gedanke und Gestalt des demokratischen Rechtsstaates (Wien 1965), S. 9 ff.

Gierke, Otto von: Johannes Althusius und die Entwicklung der naturrechtlichen Staatstheorien (1880), Neudruck 1958

Giese/Schunck: Grundgesetz für die Bundesrepublik Deutschland, 7. Aufl. 1965

Haas, Diether: Freie Entfaltung der Persönlichkeit, DÖV 1954, S. 70 ff.

Häberle, Peter: Buchbesprechung: Walter Leisner, Von der Verfassungsmäßigkeit der Gesetze zur Gesetzmäßigkeit der Verfassung, AöR 90 (1965), S. 117 ff.

Häberle, Peter: Die Wesensgehaltgarantie des Art. 19 Abs. 2 Grundgesetz, 1962

Häberlin: Handbuch des Teutschen Staatsrechts, 2. Bd., Berlin 1794

Hamann, Andreas: Das Grundgesetz für die Bundesrepublik Deutschland vom 23. Mai 1949 (1961)

Hamann/Lenz: Das Grundgesetz für die Bundesrepublik Deutschland vom 23. Mai 1949 (1970)

Hamel, Walter: Die Bedeutung der Grundrechte im sozialen Rechtsstaat, 1957

Hartung, Fritz: Die Entwicklung der Menschen- und Bürgerrechte von 1776 bis zur Gegenwart, 3. Aufl. 1964

Haselau, Klaus: Die Freiheit der Straße als Rechtsproblem, 1960

Hashagen, Justus: Zur Entstehungsgeschichte der nordamerikanischen Erklärungen der Menschenrechte, ZgesStW, Bd. 78 (1924), S. 461 ff.

Henke, Wilhelm: Das subjektive öffentliche Recht, 1968

Henkel, Heinrich: Einführung in die Rechtsphilosophie, 1964

Herrfahrdt, Heinrich: Revolution und Rechtswissenschaft, 1930

Herzog, Roman: Das Grundrecht auf Freiheit in der Europäischen Menschenrechtskonvention, AöR 86 (1961), S. 1994 ff.

Hesse, Ernst: Die Bindung des Gesetzgebers an das Grundrecht des Art. 2 I GG bei der Verwirklichung einer „verfassungsmäßigen Ordnung", 1968

Hesse, Konrad: Grundzüge des Verfassungsrechts der Bundesrepublik Deutschland, 4. Aufl. 1970

— Der Rechtsstaat im Verfassungssystem des Grundgesetzes, in: Festgabe für Smend (1962), S. 71 ff.

Huber, Ernst R.: Der Streit um das Wirtschaftsverfassungsrecht, DÖV 1956, S. 135 ff.

— Wirtschaftsverwaltungsrecht, 1. Bd. 2. Aufl. 1953, 2. Bd. 2. Aufl. 1954

Huber, Hans: Die verfassungsrechtliche Bedeutung der Vertragsfreiheit, Berlin 1966

— Die Garantie der individuellen Verfassungsrechte, Verh. d. Schweiz. Juristenvereins, 1. Heft (1936), S. 118 a ff.

— Die Verfassungsbeschwerde, Karlsruhe 1954

Ipsen, Hans Peter: Gleichheit, in: Neumann/Nipperdey/Scheuner (Hrsg.), Die Grundrechte, II. Bd. (1954), S. 111 ff.

Jellinek, Georg: Die Erklärung der Menschen- und Bürgerrechte (1895), 3. Aufl., ergänzt von Walter Jellinek, 1919

— Allgemeine Staatslehre, 3. Aufl. 1914, Neudruck 1959

— System der subjektiven öffentlichen Rechte, 2. Aufl. 1905

Jellinek, Walter: Die Verwaltungsgerichtsbarkeit in der amerikanischen Zone, DRZ 1948, S. 269 ff.

— Verwaltungsrecht, 3. Aufl. (1931), Nachdruck 1948

Jesch, Dietrich: Gesetz und Verwaltung, 1961

Kant, Immanuel: Die Metaphysik der Sitten (1797), I. Teil, Metaphysische Anfangsgründe der Rechtslehre, II. Teil, Metaphysische Anfangsgründe der Tugendlehre, in: Kants Werke, hrsg. von Cassirer, Bd. VII (1922), S. 1 ff. und S. 181 ff.

Kaufmann, Erich: Das Wesen des Völkerrechts und die clausula rebus sic stantibus, 1911

Keller, Adolf: Die Kritik, Korrektur und Interpretation des Gesetzeswortlauts, Diss. Zürich 1960

Kleinrahm, Kurt: Diskussionsbeitrag, in: Hans Peters, Recht, a.a.O., S. 65

Knöpfle, Robert: Zur Problematik der Beurteilung einer Norm als Schutzgesetz im Sinne des § 823 Abs. 2 BGB, NJW 1967, S. 697 ff.

Krüger, Herbert: Neues zur Freiheit der Persönlichkeitsentfaltung und deren Schranken, NJW 1955, S. 201 ff.

— Der Wesensgehalt der Grundrechte i. S. des Art. 19 GG, DÖV 1955, S. 597 ff.

Lehmann, Heinrich: Allgemeiner Teil des Bürgerlichen Gesetzbuches, 12. Aufl. 1960

Leibholz, Gerhard: Die Gleichheit vor dem Gesetz (1925), 2. Aufl. 1959

Leibholz/Rupprecht: Bundesverfassungsgerichtsgesetz, 1968

Leisner, Walter: Die Gesetzmäßigkeit der Verfassung, JZ 1964, S. 201 ff.

— Grundrechte und Privatrecht, 1960

— Von der Verfassungsmäßigkeit der Gesetze zur Gesetzmäßigkeit der Verfassung, 1964

Leist, Justus Christoph: Lehrbuch des Teutschen Staatsrechts, Göttingen 1803

Lenzen, Rolf: Die verfassungsrechtlichen Grundlagen für die Vergabe von Subventionen ..., Diss. jur. Köln 1965

Lerche, Peter: Übermaß und Verfassungsrecht, 1961

Locke, John: Two Treatises of Government (1690), hrsg. von Peter Laslett, 1960, Neudruck Cambridge 1964

Loewenstein, Karl: Staatsrecht und Staatspraxis von Großbritannien, Bd. I und II, Berlin/Heidelberg/New York 1967

— Verfassungsrecht und Verfassungspraxis der Vereinigten Staaten, Berlin/Göttingen/Heidelberg 1959

Magerl, Horst: Verwaltungsrechtsschutz in Württemberg in der Zeit von 1760—1850, Diss. Freiburg 1965

Mangoldt, Hermann von: Das Bonner Grundgesetz, 1953

— Grundrechte und Grundsatzfragen des Bonner Grundgesetzes, AöR 75 (1949), S. 273 ff.

v. Mangoldt/Klein: Das Bonner Grundgesetz, Bd. I 1957

Mannheim: Art. 114, 115. Freiheitsschutz und Wohnungsschutz nach der Seite der Justiz, in: Nipperdey (Hrsg.), Die Grundrechte und Grundpflichten der Reichsverfassung, 1. Bd. (1929), S. 316 ff.

Martens, Wolfgang: Zum Rechtsanspruch auf polizeiliches Handeln, JuS 1962, S. 245 ff.

Maunz, Theodor: Deutsches Staatsrecht, 17. Aufl. 1969

Maunz/Dürig/Herzog: Grundgesetz (seit 1958), Stand vom September 1970

Maunz/Sigloch/Schmidt-Bleibtreu/Klein: Bundesverfassungsgerichtsgesetz, Stand 1967

Mayer-Tasch/Contiades (Hrsg.): Die Verfassungen Europas, Stuttgart 1966

Menger, Christian F.: System des verwaltungsgerichtlichen Rechtsschutzes, 1954

Menzel, Eberhard: Nationale und internationale Verwaltung, DÖV 1969, S. 1 ff.

Mitchell, J. D. B.: Constitutional Law, Edinburgh 1964

Mokre, Johann: Die Idee der Menschenrechte und ihre Verwirklichung, ARSP NF Nr. 3 (1964), Beiheft Nr. 40, S. 63 ff.

Moser, Johann Jacob: Neues Teutsches Staatsrecht, Bd. XVI, Von der Landeshoheit im Weltlichen, Teil 4: Von der Landeshoheit in Steuersachen, Frankfurt/Leipzig 1773

Naumann, Richard: Diskussionsbeitrag zum Thema: Die staatliche Intervention im Bereich der Wirtschaft, VVDStRL 11 (Tagung 1952), S. 131 ff.

— Urteilsanmerkung, AöR 77 (1951/52), S. 93 ff.

Nebinger, Robert: Verwaltungsrecht, Allg. Teil, 2. Aufl. 1949

Nipperdey, Hans Carl: Freie Entfaltung der Persönlichkeit, in: Bettermann/Nipperdey (Hrsg.), Die Grundrechte, IV. Bd., 2. Halbbd. (1962), S. 741 ff.

— Die Würde des Menschen, in: Neumann/Nipperdey/Scheuner (Hrsg.), Die Grundrechte, II. Bd. (1954), S. 1 ff.

Ossenbühl, Fritz: Probleme und Wege der Verfassungsauslegung, DÖV 1965, S. 649 ff.

Pestalozza, Christian Graf von: Kritische Bemerkungen zu Methoden und Prinzipien der Grundrechtsauslegung in der Bundesrepublik Deutschland, Der Staat 1963, S. 425 ff.

Peters, Hans: Die freie Entfaltung der Persönlichkeit als Verfassungsziel, in: Festschrift für Laun (1953), S. 669 ff.

— Das Recht auf freie Entfaltung der Persönlichkeit in der höchstrichterlichen Rechtsprechung, 1963

Phillips, O. Hood: Constitutional and Administrative Law, 3. Aufl., London 1962

Pütter, Johann Stephan: Institutiones iuris publici germanici, 1. Aufl., Göttingen 1770

— Beyträge zum Teutschen Staats- und Fürsten-Rechte, Göttingen 1777

Pufendorf, Samuel: De Jure Naturae et Gentium Libri Octo (1672), Reproduktion der Ausgabe Amsterdam 1688 mit einer Einleitung von Walter Simons, in: The Classics of International Law, hrsg. von James B. Scott, Oxford/London 1934

Radbruch, Gustav: Der Geist des englischen Rechts, 1946

Raiser, Ludwig: Der Stand der Lehre vom subjektiven Recht im Deutschen Zivilrecht, JZ 1961, S. 465 ff.

Rauschenberger, Walter: Die staatsrechtliche Bedeutung von Staatsstreich und Revolution, 1922

Relf, Frances Helen: The Petition of Right, Minnesota 1917

Ridges/Forrest: Constitutional Law, 8. Aufl., London 1950

Ritter, Gerhard: Ursprung und Wesen der Menschenrechte (1958), in: Roman Schnur (Hrsg.), Zur Geschichte der Erklärung der Menschenrechte (1964), S. 202 ff.

Rousseau, Jean-Jacques: Du Contrat social ou Principes du Droit politique (1762), hrsg. von E. Flammarion, Paris o. J.

Rüfner, Wolfgang: Die Eigentumsgarantie als Grenze der Besteuerung, DVBl. 1970, S. 881 ff.

— Verwaltungsrechtsschutz in Preußen von 1749 bis 1842, Bonner rechtswissenschaftliche Abhandlungen Bd. 53, 1962

Rupp, Hans Heinrich: Grundfragen der heutigen Verwaltungsrechtslehre, 1965

— Das Urteil des Bundesverfassungsgerichts zum Sammlungsgesetz, NJW 1966, S. 2037 ff.

Schaumann, Wilfried: Der Auftrag des Gesetzgebers zur Verwirklichung der Freiheitsrechte, JZ 1970, S. 48 ff.

Scheuner, Ulrich: Die institutionellen Garantien des Grundgesetzes, in: Wandersleb/Traumann (Hrsg.), Recht — Staat — Wirtschaft, 4. Bd. (1953), S. 88 ff.

— Grundrechtsinterpretation und Wirtschaftsordnung, DÖV 1956, S. 65 ff.

— Pressefreiheit, VVDStRL 22 (Tagung 1963), S. 1 ff.

Schmidt, Walter: Die Freiheit vor dem Gesetz, AöR 91 (1966), S. 42 ff.

Schmitt, Carl: Inhalt und Bedeutung des zweiten Hauptteils der Reichsverfassung, HdbDStR II. Bd. (1932), S. 572 ff.

— Verfassungslehre (1928), Nachdruck 1954

Schneider, Peter: In dubio pro libertate, in: Festschrift DJT Bd. II (1960), S. 263 ff.

— Die Menschenrechte in staatlicher Ordnung, ARSP NF Nr. 3 (1964), Beiheft Nr. 40, S. 77 ff.

Schneider, Rudolf: Rechtsnorm und Individualakt im Bereiche des verfassungsrechtlichen Eigentumsschutzes, VerwArch. 58 (1967), S. 197 ff., 301 ff.

Schnur, Roman: Pressefreiheit, VVDStRL 22 (Tagung 1963), S. 101 ff.

Schütt, Alfred: Frankreichs neue Verfassung, 1958

Schulz-Schaeffer, Helmut: Die Staatsform der Bundesrepublik Deutschland, Schriften zum Öffentlichen Recht Bd. 36, 1966

Schumann, Ekkehard: Verfassungs- und Menschenrechtsbeschwerde gegen richterliche Entscheidungen, 1963

Schunck/De Clerck: Allgemeines Staatsrecht und Staatsrecht des Bundes und der Länder, 2. Aufl., 1967

Stein, Ekkehart: Lehrbuch des Staatsrechts, 1968

Stein, Erwin: Zur Wandlung des Eigentumsbegriffes, in: Festschrift für Gebhard Müller (1970), S. 503 ff.

Stier-Somlo, Fritz: Artikel „Verwaltungsgerichtsbarkeit", in: Stier-Somlo/ Elster, HdR, VI. Bd. (1929), S. 607 ff.

Svarez, Carl Gottlieb: Vorträge über Recht und Staat, hrsg. von Conrad/ Kleinheyer, 1960

Thoma, Richard: Die juristische Bedeutung der grundrechtlichen Sätze der deutschen Reichsverfassung im allgemeinen, in: H. C. Nipperdey (Hrsg.), Die Grundrechte und Grundpflichten der Reichsverfassung, 1. Bd. (1929), S. 1 ff.

— Das System der subjektiven öffentlichen Rechte und Pflichten, in: Anschütz/Thoma (Hrsg.), HdbDStR II. Bd. (1932), S. 607 ff.

Thorpe, Francis N. (Hrsg.): The federal and state constitutions, colonial charters, and other organic laws of the states, territories, and colonies now or heretofore forming the United States of America, Washington 1909

Uber, Giesbert: Freiheit des Berufs, 1952

Ule, Carl H.: Preisstopp für Bauland im Bereich von Entlastungsstädten, VerwArch. 54 (1963), S. 345 ff.

— Verwaltungsgerichtsbarkeit, 2. Aufl. 1962

Voigt, Alfred: Geschichte der Grundrechte, 1948

Vossler, Otto: Studien zur Erklärung der Menschenrechte, Historische Zeitschrift Bd. 142 (1930), S. 516 ff.

Wehrhahn, Herbert: Systematische Vorfragen einer Auslegung des Art. 2 Abs. I des Grundgesetzes, AöR 82 (1957), S. 250 ff.

Welzel, Hans: Ein Kapitel aus der Geschichte der amerikanischen Erklärung der Menschenrechte (John Wise und Samuel Pufendorf), in: Festschrift für Smend (1952), S. 387 ff.

Werner, Fritz: Über Tendenzen der Entwicklung von Recht und Gericht in unserer Zeit, 1965

Wertenbruch, Wilhelm: Der Grundrechtsbegriff und Art. 2 Abs. 1 GG, DVBl. 1958, S. 481 ff.

Wintrich, Josef M.: Zur Auslegung und Anwendung des Art. 2 Abs. 1 GG, in: Festschrift für Apelt (1958), S. 1 ff.

— Zur Problematik der Grundrechte, 1957

Wise, John: A Vindication of the Government of New England Churches (1717), Neuaufl. 1772

Wittig, Peter: Bundesverfassungsgericht und Grundrechtssystematik, in: Festschrift für Gebhard Müller (1970), S. 575 ff.

Wolff, Hans J.: Der Abwendungsanspruch aus öffentlichen Reflexrechten, insbesondere im Fürsorgerecht, in: Festschrift zur Feier des 25jährigen Bestehens der Westfälischen Verwaltungsakademie in Münster ... (1950), S. 119 ff.

Wolff, Hans J.: Verwaltungsrecht I, 7. Aufl., 1968
— Verwaltungsrecht III, 2. Aufl., 1967
Zeidler, Karl: Zur Problematik von Art. 2 I GG, NJW 1954, S. 1068
Zeidler, Wolfgang: Der Rechtsstaat im Spannungsfeld von Evolution und Revolution, MDR 1970, S. 713 ff.
Zürn, Peter: Die republikanische Monarchie, 1965

Printed by Libri Plureos GmbH
in Hamburg, Germany